# QUESTION

DE

# L'ABOLITION DE L'ESCLAVAGE

DOCUMENTS PARLEMENTAIRES.

Imprimerie de GUIRAUDET et JOUAUST, 315, rue Saint-Honoré.

# QUESTION

## DE

# L'ABOLITION DE L'ESCLAVAGE

## DOCUMENTS PARLEMENTAIRES.

Paris,

IMPRIMERIE DE GUIRAUDET ET JOUAUST,

315, RUE SAINT-HONORÉ.

1840

# EXTRAITS

DES

## DÉBATS DU PARLEMENT ANGLAIS EN 1833,

SUR

# L'ABOLITION DE L'ESCLAVAGE

(Traduit du *Courrier anglais* du mois de juin de la même année.)

Ce fut le 3 juin 1833 que commencèrent, dans la Chambre des communes, les débats relatifs à l'abolition de l'esclavage.

Cette première séance, consacrée à la discussion générale du principe, aboutit à la résolution ci-après :

« L'opinion du comité ( c'est-à-dire, de la Cham-
» bre formée en comité général) est qu'il y a lieu de
» prendre des mesures immédiates et efficaces pour
» arriver à l'entière abolition de l'esclavage dans
» les colonies, de manière à fixer la condition des
» nègres en conciliant leur bien-être avec l'intérêt
» des propriétaires (d'esclaves). »

Dans cette séance, M. Peel ( opposé au système

ministériel, mais non au principe de la mesure)
commença par appuyer le droit des propriétaires à
une indemnité largement et loyalement conçue (*on
fair and equal terms*) correspondant à la perte que
devait leur causer la mesure en discussion. Il ajouta
qu'à ses yeux la moindre partie de la question é-
tait dans l'indemnité, dont la valeur était, avec
raison, portée au chiffre de 30 *millions sterling*
(750,000,000 fr.) : car cette somme, à laquelle le
pays pouvait faire face, disparaissait comme une
considération insignifiante à ses yeux quand il son-
geait à toutes les autres branches de la fortune nationale et du revenu public que la mesure allait atteindre ; qu'il ne s'agissait de rien moins que de
s'exposer à la perte d'un revenu annuel de 5
millions sterling ( 125,000,000 fr. ). Il aimait à
penser qu'il s'adressait à une Chambre bien préparée à courir les hasards de tous les sacrifices
que l'émancipation commanderait ; que les dé-
putés ne se montreraient pas seulement occupés
*du rachat du gage* qu'ils avaient donné à leurs élec-
teurs du haut des hustings ; qu'il ne s'agissait pas
seulement sans doute de la création d'un empire
de nègres libres, sans autres besoins que ceux des
plus grossiers appétits, mais de créer une société où
pussent être implantées les habitudes du travail et
même d'un certain luxe, qui les disposassent à recevoir le joug volontaire de la morale sociale, et
donnassent la garantie d'avoir pu briser les fers des
noirs sans compromettre le salut des blancs.

M. Peel fit observer qu'il n'y avait aucune analogie entre l'abolition projetée et la cessation de l'esclavage en Europe. L'identité des races avait pu faire trouver au maître européen, dans le travail des libres, des avantages qu'il ne fallait pas se flatter de rencontrer ici dans l'abolition du travail forcé; que partout ailleurs l'aiguillon des besoins urgents à satisfaire pouvait suppléer à la contrainte; mais que, dans nos colonies, l'extrême fertilité du sol permettait qu'un petit nombre d'heures de travail irrégulier suffît pour se procurer non seulement la satisfaction des besoins ordinaires, mais même de nombreux objets de luxe.

M. Peel, après avoir cité quelques mots de Burke, qui, tout en demandant l'abolition de l'esclavage, disait qu'avant de procéder au don de la liberté il fallait d'abord préparer l'esprit du nègre à la recevoir de manière à ce qu'elle pût lui être conférée sans danger ni pour nous ni pour lui, cita aussi cette remarquable opinion de M. Canning, qui définissait le nègre : « *Une intelligence d'enfant dans un corps d'homme fait.* »

Lord Athorp (chancelier de l'échiquier) reconnut le danger d'une émancipation soudaine sans transition ni préparation; et il ajouta que telle n'était pas la pensée du gouvernement. Quant à la question d'indemnité, il pensait qu'en donnant aux colons 15 millions sterling (375,000,000 fr.), formant le tiers de la valeur par eux donnée aux esclaves, en échange d'un quart seulement du temps de travail des nègres, cette somme constituait une large et loyale indemnité (1).

M. Stanley (ministre des colonies) reconnut qu'on ne pouvait se passer du concours des législatures coloniales, mais ajouta qu'il était juste que l'initiative de la mesure appartînt au Parlement impérial. Il reconnaissait, avec l'honorable baronnet (M. Peel), qu'il n'y avait pas dans la présente session de possibilité d'entrer dans le détail des moyens d'exécution; que cependant il ne pouvait se contenter, comme M. Peel, d'une simple déclaration de principes; qu'il voulait faire faire un pas de plus à la question en décidant que si les législatures coloniales n'avaient pas rempli à jour fixe le cadre que les résolutions leur traceraient, le Parlement, quelque surcroît de travail qui pût en résulter pour lui, déterminerait, dans la prochaine session, les moyens d'exécution; que c'était dans cette ferme confiance qu'il croyait pouvoir se féliciter avec la Chambre et avec tous les amis de l'humanité de ce que le *fiat* de l'émancipation était sorti du sein des communes britanniques, puisque tout ce qui restait à régler dé-

---

(1) Lord Athorp s'exprimait comme s'il n'eût été question que d'enlever à tout jamais au planteur seulement le quart du travail de ses esclaves, tandis que c'était de la perte de la totalité de ce travail qu'il s'agissait pour lui, puisque la jouissance des trois quarts que le bill d'émancipation devait momentanément lui conserver devait être restreint à la durée de l'apprentissage.

(*Note du traducteur.*)

sormais n'était plus qu'un compte de livres, schillings et sous à payer.

### CHAMBRE DES PAIRS. — 4 JUIN.

Lord Saint-Vincent présenta une pétition revêtue de nombreuses signatures de personnes directement et indirectement intéressées dans les colonies, et ayant pour objet de désapprouver les mesures en discussion dans une autre Chambre pour arriver à l'abolition de l'esclavage.

Le noble lord déclara que, puisqu'on élevait des doutes sur le droit de la propriété des planteurs au sujet de leurs esclaves, il rappellerait brièvement de quelle manière cette propriété avait été fondée.

Le commerce des esclaves existait déjà du temps de la reine Elisabeth. Un acte passé sous Guillaume III encouragea la traite africaine, en déclarant l'importation des noirs dans nos colonies exempte des taxes imposées à tous les autres articles du commerce. Un statut de la 13e et de la 14e année du règne de George III invita les étrangers et les nationaux à placer leurs capitaux sur hypothèques coloniales, et spécifia que ces hypothèques étaient assises sur *les terres et les esclaves*. Des engagements furent contractés sur la foi de cet acte, et le Parlement ne pourrait, sans injustice, s'occuper de l'émancipation des esclaves, sans avoir pris en considération préalable les réclamations des hypothécaires et des hypothéqués. Dans la 58e année du règne de George III, le mode de liquidation de ces hypothèques a été particulièrement spécifié, et, dans un autre acte très important, celui de l'enregistrement des esclaves (act of registration), le droit de la propriété des esclaves a été expressément reconnu. Cependant l'orateur avait souvent entendu dire dans cette Chambre que les planteurs n'avaient pas de droit *abstrait* (abstract right) sur leurs esclaves. Maintenant il se demande ce que c'est qu'un droit abstrait, quand on peut lui opposer si facilement la loi même du pays, le droit commun (common law), et le droit écrit (statute law), qui ont jusqu'à présent servi de base à toute espèce de propriété. Une fois la doctrine du *droit abstrait* admise, où s'arrêtera-t-on? Tout l'édifice social croulerait si on le mettait à l'épreuve du droit abstrait. Ce n'est pas seulement dans nos colonies que l'esclavage a été reconnu par acte du Parlement; l'esclavage a existé en Écosse jusqu'en 1775, époque où il fut aboli, non pas en raison des griefs de l'esclave (bondsman), ni pour l'amour d'un principe, mais seulement en vue de l'intérêt des propriétaires de mines.

Le comte de Rippon, en répondant à lord Saint-Vincent, rendit hommage à la modération de son langage. Quant aux lois rappelées par le préopinant comme base du droit des planteurs à la possession légale de leurs esclaves et à une indemnité compétente en cas de dépossession, lord Rippon avoua que, bien qu'une pareille espèce de propriété lui parût, de sa nature, un malheur déplorable, il pouvait assurer la Chambre que, si cette question arrivait devant elle dans la session, elle ne s'y présenterait qu'accompagnée du principe qu'*un tort national appelait un remède national*, c'est-à-dire que, l'existence de l'esclavage ayant eu la sanction législative de la nation, la législature et la nation devraient s'associer au sacrifice à demander aux individus qui auraient à souffrir de l'émancipation (1).

Le duc de Wellington présenta une pétition d'armateurs et négociants revêtue de 1960 signatures, parmi lesquelles figuraient celles des 16 principales maisons de banque de Londres, appelant l'attention de la législature non seulement sur l'intérêt direct que les pétitionnaires pouvaient avoir dans la question, mais encore sur les conséquences qu'aurait pour le commerce général du pays la subver-

(1) L'esclavage établi dans toutes les colonies que les nations européennes ont fondées a eu pour principe l'utilité que ces nations trouvaient à l'extension des cultures exploitées par les bras esclaves. Dès 1760, la Caroline du Sud passa un acte pour défendre toute nouvelle importation d'esclaves dans son sein. Le gouvernement métropolitain rejeta l'acte, blâma le gouverneur d'y avoir provisoirement adhéré, et, par une circulaire adressée à tous les autres gouverneurs, les mit en garde contre le retour d'une pareille faute. Cependant les colonies anglaises essayèrent encore d'arrêter l'introduction des esclaves. En 1774 la Jamaïque passa deux bills dans ce but. Les bills furent rejetés par le gouverneur, et le comte de Darmouth, alors président du bureau de commerce, déclara que le gouvernement ne pourrait consentir à ce que les colonies arrêtassent ou décourageassent d'une manière quelconque un trafic aussi utile à la nation. (Note du traducteur.)

sion des rapports actuels entre la métropole et les colonies occidentales de l'Angleterre. Il dit que le sentiment du dommage probable, et non le désir de s'opposer à la mesure en elle-même, l'avait déterminé à se charger de la pétition;—Qu'il n'hésitait pas à déclarer que les Indes occidentales rapportaient par an à la métropole 12 millions sterling (300,000,000 fr.), dont 5 (125,000,000 fr.) entraient, comme droit de consommation, dans les coffres de l'État; — Que les planteurs résidant en Angleterre y dépensaient annuellement environ 2 millions sterling (50,000,000 fr.), et que le reste s'écoulait entre les mains des armateurs et des négociants de toute espèce en rapport avec les colonies; — Qu'en supposant donc qu'on pût mettre de côté l'intérêt des planteurs, il y avait encore bien assez d'autres motifs d'examen avant de se décider à bouleverser de fond en comble un état de choses si productif au commerce général de la mère-patrie; — Que, dans une question aussi grave, le premier point était de s'assurer des résultats probables du travail libre, de la possibilité de faire vivre ensemble les nègres et les blancs sous la loi d'une égale liberté; ce que l'expérience acquise ne lui permettait pas d'espérer.

## CHAMBRE DES COMMUNES.

Dans la séance du 6 juin fut lue la seconde résolution, ainsi conçue : « Tous les enfants qui, lors de

» la promulgation du bill, seront âgés de 5 ans et
» au dessous, seront déclarés libres et mis à la
» charge de leurs parents respectifs. »

M. Hume exprima son regret de ce que la Chambre semblait disposée à n'envisager la mesure de l'émancipation que du point de vue d'une espèce d'arbitrage entre les abolitionistes et les planteurs, tandis qu'il s'agissait d'une question toute nationale, puisqu'il était question d'une faute et d'un méfait national (*national stain and national sin*); que, dans l'état de gêne de la nation, il ne lui paraissait pas qu'on dût prodiguer l'argent du pays sans nécessité; — Que, quel que fût son désir de voir les esclaves affranchis de leur esclavage, il avait besoin d'être convaincu de l'efficacité des mesures projetées pour la conservation du travail après l'émancipation; — Que, pour sa part, il désirait que la question des Indes occidentales fût examinée sous le rapport de l'intérêt des manufactures britanniques; — Que, quand il était question de voter une dépense de 20 millions sterling (500,000,000 fr.) ou de toute autre somme, il fallait d'abord s'enquérir de l'influence que la mesure pouvait avoir sur la ruine ou la conservation de nos colonies, et jusqu'à quel point la misère des blancs et des noirs qui pourrait en résulter réagirait sur le bien-être de ces milliers de métropolitains qui vivent du commerce colonial. Le resserrement des capitaux, une diminution du quart au tiers dans les récoltes, voilà quels doivent être

les effets de la première résolution. La conséquence de cette diminution des produits sera la hausse
du prix de la denrée. Croit-on que le peuple de ce
pays soit charmé de payer 1 schilling (1 fr. 25 c.) la
livre ce qu'il pourrait avoir, sans cela, pour 6 de-
niers (62 c. et demi)? La plus misérable question de
paroisse n'a jamais été traitée par le gouvernement
avec autant de légèreté que cette grave et importante question. Au lieu de se renfermer, comme il le
devrait, dans le rôle d'une haute impartialité, l'honorable secrétaire d'état s'abandonne à la violence
d'un chef de parti qui ne serait occupé qu'à exciter
les passions les plus inflammables. L'orateur dit
qu'il se rangeait très volontiers à l'avis des hommes qui s'étaient prononcés en faveur du principe
de l'émancipation ; mais qu'il ne pouvait admettre
que les colonies fussent en état de supporter l'application d'aucune mesure immédiate, encore
moins celle d'un projet aussi incomplet et aussi
mal digéré que celui qui était en discussion.

M. Hume, continuant, réfuta, par des faits pui-
sés dans des observations directes, tout ce qui avait
été avancé par M. O'Connel et autres au sujet des
résultats obtenus par le travail libre de quelques
nègres de traite, entretenus à la Trinité aux frais
du gouvernement. Il rappela qu'en 1811 plusieurs
centaines d'esclaves de Berbice et de Démérari furent cédés par le gouvernement hollandais à l'Angleterre ; que ces esclaves furent, à la demande
de MM. Willberforce et Stephen, remis aux soins

de la Société abolitioniste ; qu'une commission fut envoyée sur les lieux par cette Société pour s'informer de l'état de ces esclaves, et voir par quels moyens on pourrait les amener à la culture de la canne, et à pourvoir à leur entretien. Cette commission reconnut que la décroissance numérique des esclaves pendant leur mise en tutelle des émancipateurs avait été de 1 3|4 pour 100 à Démérari, et de 2 1|2 pour 100 à Berbice, et que cependant il en avait coûté au Trésor 9,000 liv. sterling (225,000 fr.) pour leur entretien.

M. Hume ajouta que le comité formé dans la Chambre pour l'examen préalable de cette question n'avait encore fait qu'un rapport incomplet ; puisqu'il avouait, dans ce rapport, n'avoir eu aucun moyen de s'assurer de la valeur réelle des esclaves ; — Qu'en poussant, comme le faisait le gouvernement, à une brusque solution de la question sans vouloir attendre l'épreuve des témoignages contradictoires, bien que lord Goderich en eût pris l'engagement formel, le gouvernement se rendrait coupable du plus violent manque d'honneur et de foi. On s'est efforcé, dit-il, de faire appel aux passions pour faire adopter la mesure, en faisant grand bruit des souffrances que la peine du fouet infligeait aux esclaves. Mais comment donc ne s'émeut-on pas du nombre des coups de fouet distribués aux soldats de nos armées, et qui sont bien autrement sévères que les moyens de répression de la discipline coloniale ? En 1827, époque où l'armée se composait de 111,000 hommes, 5,341 furent jugés par Cours martiales ; 2,039 subirent le châtiment corporel. Or, au nombre officiel de 300 coups de fouet par coupable, et il est avéré qu'on ne reste jamais au dessous de ce nombre ; mais réduisons-le à 200 si cela peut être agréable à nos advérsaires, il n'en résultera pas moins un compte de 458,000 coups de fouet reçus par nos soldats dans une seule année ! Je suis loin d'être l'apologiste dés coups de fouet, je les déteste autant que qui que ce soit ; mais je ne fais ce rapprochement que pour mettre la Chambre en garde contre l'exagération des rapports qu'on ose lui faire au sujet des cruautés prétendues dont le nègre est victime, et cela en présence d'hommes qui ont à souffrir des traitements bien plus cruels que ceux que les nègres aient jamais éprouvés. M. Hume conclut à la formation d'une nouvelle commission, et à l'ajournement de toute mesure d'exécution.

Le docteur Lushington ne répondit que par des généralités philosophiques. Il voulut contester ce que M. Hume avait avancé de l'absence des témoignages contradictoires, en affirmant qu'il était notoire que le gouvernement avait offert à la corporation des Indes occidentales de continuer toutes les enquêtes qué cette corporation pourrait désirer. — A quoi M. Hume répliqua qu'effectivement l'offre avait été faite, mais sous condition que le bill n'en aurait pas moins son cours, ce que le docteur Lushington avoua : reconnaissance formelle de ce qu'il y avait de dérisoire dans la proposition du gouvernement.

M. Baring, entre autres arguments dirigés contre la mesure, demanda si la Chambre et le pays s'étaient suffisamment rendu compte des conséquences que pourrait avoir la cessation du travail de la population noire, au sujet de laquelle il ne pouvait accepter les espérances brillantes du député de Weymouth (M. Buxton). D'ailleurs, ajouta-t-il, était-on bien certain de travailler ainsi au bonheur de l'humanité? Le nègre est aujourd'hui content et tranquille; sa vie actuelle est conforme à sa nature. Est-il en état de faire un usage salutaire de la liberté? Et s'il en use mal, si la production du sucre s'arrête, les centaines de *milliers* qui pétitionnent pour *l'abolition immédiate de l'esclavage* sont-ils également préparés non seulement à l'indemnité due aux planteurs, mais à l'indemnité non moins légitime et bien autrement considérable qu'auront à réclamer le commerce maritime et la navigation du pays, pour le dommage que la mesure leur aura fait éprouver? A-t-on songé que, par l'abolition de l'esclavage, et par la cessation de la production du sucre dans nos colonies, qui en est la conséquence, on donnera un encouragement spécial à l'extension des sucreries exploitées dans d'autres pays par des bras esclaves, et que, par conséquent, on aura fourni de véritables encouragements à la continuation de la traite (1)? —

(1) Les faits se sont chargés de justifier les prévisions de M.

Qu'on ne dise pas que si le sucre des Indes occidentales nous manque, nous aurons le sucre des Indes orientales : car, entre autres circonstances, le fret seul suffira pour en élever le prix dans la métropole. La mesure proposée aura donc pour premier résultat de doubler, et peut-être de tripler le prix du sucre pour le consommateur métropolitain (1). Le pays est-il bien décidé à un accroissement de dépenses annuelles de 6 millions st. (150,000,000 f.) pour le plaisir de faire une expérience humanitaire ? Il est hors de doute que l'élévation des prix restreint la consommation, et, par conséquent, le revenu de l'Etat. Le chancelier de l'échiquier s'est-il suffisamment préparé au déficit de 6 millions sterling (150,000,000 fr.) qui résultera des 3 mil-

Baring. Dans un ouvrage publié à Londres en 1839, par M. Buxton, sur l'état actuel de la traite, cet abolitioniste estime à 150,000 le nombre des esclaves africains annuellement transportés d'Afrique dans l'empire brésilien et les colonies de l'Espagne et du Portugal. C'est M. Buxton qui s'est chargé de reproduire ce que le marquis de Barbacena disait, en 1837, au sénat du Brésil : « L'importation des esclaves a été beaucoup plus considérable dans les trois années précédentes que dans le temps où le commerce était permis et libre. »

M. Buxton a constaté que le tiers au moins des marchandises qui servent au paiement des esclaves sort des fabriques de Lancashire, et par conséquent du sol de la philanthropique Angleterre. *(Note du traducteur.)*

(1) Le prix du sucre sur le marché de consommation britannique a naturellement suivi la proportion des frais de production du planteur anglais depuis l'émancipation. Les 50 kilos, qui avant 1833 ne dépassaient pas 60 fr. à l'acquitté, se vendent aujourd'hui 80 fr. et plus. *(Note du traducteur.)*

-lions (75,000,000 fr.) de perte sur le montant des taxes, et des 3 millions de charges nouvelles que l'augmentation du prix du sucre aura fait subir au pays? Il faut que l'aveuglement soit bien général si l'on n'aperçoit pas de quels énormes sacrifices il faudra payer l'adoption du plan ministériel ! Mais lorsque la ruine du commerce colonial aura été consommée, et qu'on verra nos vaisseaux pourrir dans nos ports, alors on déplorera la précipitation de l'acte législatif maintenant en discussion. La demande d'indemnité formée par les planteurs, continue l'orateur, m'a toujours paru l'objet le moins important de la question. J'y souscris de grand cœur : elle ne constitue qu'une dépense annuelle de 1,500,000 livres sterling (37,500,000 fr.); mais la navigation et le commerce général du pays ont chaque année plus de 6 millions (150,000,000 f.) d'engagés dans le commerce et la production coloniale, et n'ont pas pour cette somme d'autre gage de sécurité.

M. Stewart prit ensuite la parole, et, se donnant comme l'interprète des sentiments de la corporation des Indes occidentales, il déclara qu'il ne venait pas cependant appuyer l'amendement de M Hume; — Qu'une fois le principe de l'abolition de l'esclavage admis, et le droit des planteurs à l'indemnité reconnu, il ne demandait pas mieux que de contribuer, en sa qualité d'intéressé dans la question occidentale, à l'émancipation de la popu-

lation noire ; — Que, dans ce but, la corporation
à laquelle il appartenait lui avait donné mission
d'entretenir la Chambre de quelques résolutions
qu'elle avait prises à ce sujet ; — Que, quant aux
enfants, la corporation croyait mieux faire que le
ministre en proposant que l'enregistrement ne fût
pas facultatif, mais obligatoire pour les jeunes
comme pour les vieux ; — Qu'avec cette clause la
corporation était d'avis qu'on pouvait déclarer libres tous ceux qui naîtraient après la promulgation
du bill, après avoir établi que ceux de six ans et
au dessous seraient enregistrés et soumis à l'apprentissage ; — Que, quant au montant de l'indemnité, la corporation pensait que la somme à allouer
aux propriétaires d'esclaves devait être non pas de
15, mais de 20 millions sterling (500,000,000 fr.) ;
— Qu'en outre, pour s'assurer du concours des
législatures locales, il serait convenable qu'on fît
aux colonies et sur le gage de leur propriété coloniale un prêt que quelques uns, et entre autres lord
Sandon, estimaient devoir être de 10 millions sterling (250,000,000 fr.) ; mais qui, dans son opinion
personnelle, pouvait être moins considérable ; —
Qu'à ces conditions les membres de la corporation
des Indes occidentales useraient de toute leur influence à l'égard de leurs amis et de leurs frères
dans les colonies pour les déterminer à prêter un
loyal concours aux mesures que le parlement aurait acceptées.

La séance n'aboutit qu'au rejet de tous les amendements proposés, et est renvoyée au 11 juin.

En rendant compte de cette séance, le *Courrier anglais* s'exprimait ainsi :

La première résolution n'est qu'une déclaration purement déclamatoire; elle ne va pas au delà des résolutions admises en 1823 sur la proposition de M. Canning, pour la suppression de l'esclavage. La seconde constitue le premier pas dans l'exécution pratique du plan ministériel d'émancipation ; elle a pour objet de régler le sort des enfants.

Mais c'est sur la troisième et la quatrième que doit s'engager sérieusement la lutte. La troisième roule sur les douze années d'apprentissage qu'il s'agit d'imposer aux nègres. La quatrième fixe le montant de l'indemnité ou secours (relief), comme on l'appelle, à donner aux propriétaires des colonies. Cette expression de *secours* est un drôle de mot (droll word) dans le cas présent. Le Ciel sait si, comme beaucoup d'autres sujets souffrants de S. M., les planteurs ne seraient pas charmés de recevoir un secours. Mais de commencer par les voler avec la plus imperturbable effronterie, et de venir ensuite, avec un visage tranquille, leur parler du secours qu'on veut bien leur accorder, c'est ajouter l'outrage à l'absurde. Le meilleur mode de réparation pour le tort qu'on leur a fait serait de leur rendre le bien volé, ou, si la chose est impossible, de leur en rendre la valeur. Mais non, ce serait là un procédé trop simple ; on trouve plus com-

mode de changer une juste indemnité en une mince
aumône. Ce n'est point à la charité publique que
les planteurs s'adressent; ils n'invoquent que la
justice du pays. Sans la gravité du sujet, on ne pourrait s'empêcher de rire de l'irritation que donne
aux *vertueux exclusifs* ( exclusively virtuous) la répugnance de leurs victimes pour la spoliation ar-
bitraire qu'on veut leur infliger. Eh quoi! dit le
voleur de grand chemin en pareille occasion, drôle, vous vous avisez de crier! Tenez-vous tranquille, et sachez vous laisser voler de bonne grâce
si vous ne voulez pas être plus maltraité! Quant à
nous, nous ne cesserons de le dire aux planteurs :
il leur faut un vote clair, distinct, et sans équivoque
sur la nature de leur droit; et comme il n'est pas
possible d'admettre que la Chambre des communes recule devant un acte de justice aussi palpable,
il n'y a plus qu'une dispute de mots dans la que-
relle.

### CHAMBRE DES COMMUNES.

Dans la séance du 11 juin fut votée la résolution
relative à l'apprentissage, dont le principe, com-
battu par M. Buxton et lord Howick, fut chaude-
ment appuyé par lord Athorp et M. Stanley.

La résolution fut présentée dans les termes ci-après : « Toutes les personnes maintenant esclaves au-
» ront le droit (be entitled) d'être enregistrées com-

» me apprentis laboureurs, et jouiront par là de tous
» les droits et priviléges d'hommes libres, sous la
» restriction d'une obligation de travail au profit de
» leur présent maître pendant le temps et aux con-
» ditions qui seront déterminés par le parlement. »

M. Buxton s'opposa à la mesure parce qu'à ses yeux elle ne faisait que prolonger l'esclavage, et il affirma que si l'on voulait donner au nègre un salaire, on obtiendrait un travail plus régulier que par toute voie de coercition.

Dans cette discussion, M. Hill ayant attaqué le droit des planteurs à une indemnité autrement qu'à titre de secours, M. Marryat répondit :

Que, les planteurs ayant été encouragés par le gouvernement dans l'achat de leurs esclaves, ils devaient être complétement indemnisés de la dépense dans laquelle on les avait entraînés ; — qu'une large indemnité (liberal compensation) était la première condition de tout système d'émancipation, et qu'il n'était pas moins essentiel qu'avant sa libération complète, l'esclave fût préparé par l'apprentissage à faire un usage convenable de sa liberté.

M. Slaney déclara qu'une émancipation soudaine, sans préparation préalable, ne pouvait constituer un bon système de libération pour des hommes depuis si long-temps soumis au régime de l'esclavage. Le premier pas à faire vers la civilisation et la liberté est de comprendre d'abord les premiers besoins, et, plus tard, les jouissances de l'état de société. Le nègre ne peut y parvenir qu'en cherchant à imiter les habitudes sociales qu'il a sous les yeux.

Si la société coloniale était échelonnée par classes successives, ainsi qu'il en est dans d'autres pays, il serait d'avis d'une immédiate émancipation, parce qu'alors les nègres pourraient s'élever graduellement en s'assimilant aux classes qui leur seraient immédiatement supérieures. Malheureusement ce sentiment d'émulation qui anime l'artisan de toutes les autres contrées est étranger au cœur du nègre (stanger to the bosom of the negro); il n'éprouve point le désir de monter l'échelle de la civilisation. Comment remédier à cette absence de volonté, si ce n'est par l'adoption d'une émancipation graduelle qui permette de lui rendre plus sensibles les résultats utiles de l'habitude du travail? Ce sont ces considérations qui rendent l'orateur favorable au système d'apprentissage. L'émancipation immédiate ne peut produire qu'une immédiate anarchie également funeste à la santé et au caractère moral du nègre; qui serait ainsi perdu pour la société sans aucun avantage pour lui-même.

M. Stanley (ministre des colonies), répondant aux objections faites contre le principe de l'apprentissage, dit qu'on ne pouvait envisager cette question sans tenir compte du rapport qu'elle avait avec la situation présente et la conservation future de nos colonies; — que l'exemple de S.-Domingue était là pour démontrer quels dangers pouvaient accompagner le passage subit de l'esclavage à une liberté sans contrôle. S'il n'existait point de terme moyen entre l'esclavage et la cessation des cultures, ainsi que quelques personnes le prétendent, *il serait peut-être difficile de prendre un parti.* Le député de Weymouth ( M. Buxton ) peut dire qu'il préfère la justice à la production du sucre; mais il doit bien plutôt, pour l'honneur de ses doctrines, s'occuper de démontrer que le travail des nègres libres ne sera pas moins productif que celui des esclaves. Au lieu de condamner le système ministériel, il aurait mieux fait de reconnaître que, s'il ne tend pas à une abolition précipitée de l'esclavage, il arrive sûrement à son extinction totale.

Les ministres, ajouta M. Stanley, ne peuvent pas perdre de vue le côté pratique de la question, ni l'isoler des circonstances législatives, commerciales, existant de longue main, et qui s'y sont unies depuis le premier jour où une législature britannique a reconnu et légalisé le commerce des esclaves. Si nous pouvions recommencer *à novo,* s'il s'agissait pour chacun de nous d'un choix libre entre la barbarie, la tyrannie et la liberté, il n'y a pas un de nous dont le choix fût incertain. Mais quand on considère *l'immensité des intérêts, l'énorme valeur de la propriété commerciale engagés et identifiés avec les institutions coloniales en vigueur,* il est impossible que le plus grand adversaire de l'esclavage, *n'écoutant que son respect abstrait pour les principes, pousse à des mesures précipitées.* Quant à lui, il n'attache aucune importance à ce que le terme de l'apprentissage soit plus ou moins éloigné.

Qu'on le fixe à 12 ou à 10 années, peu importe : car, du moment où le bill aura passé, l'esclavage n'en devra pas moins disparaître pour toujours du sein des colonies anglaises. Le système des ministres fait concourir au même but le travail volontaire et le travail forcé, ce qui doit lui concilier l'approbation de tout homme raisonnable. L'honorable député de Weymouth est loin d'avoir démontré qu'avec le travail libre, la production de nos colonies restera ce qu'elle est aujourd'hui. De l'état équivoque de la question il résulte évidemment *la nécessité de trouver quelque moyen d'assurer la continuation du travail à celui dont la fortune est engagée dans les liens du système actuel.* C'est à quoi les ministres ont voulu pourvoir dans le plan proposé.

Après quelques autres discours pour et contre sur le même sujet, lord Athorp prit la parole et dit :

Que le grand avantage qui résulterait, à ses yeux, de l'apprentissage, était que, la somme de travail assurée au maître *devant être insuffisante pour la culture de sa propriété,* il se trouverait forcé de traiter avec l'apprenti pour cette portion du temps abandonnée en propre à ce dernier; et qu'ainsi le nègre pourrait graduellement prendre l'habitude du travail à mesure qu'il comprendrait mieux les bénéfices de cette espèce de marché; qu'il était, en outre, étonné que les partisans de l'émancipation sans condition n'eussent pas été frappés d'une autre considération. Dans quelques colonies il est complétement pourvu à la subsistance des esclaves au moyen de concessions de terrains. Ces terrains, dit le ministre, appartiennent réellement au maître, bien qu'en vertu de leur longue jouissance les esclaves soient peut-être disposés à les regarder comme leur appartenant. Dans le cas d'une émancipation immédiate, les planteurs demanderaient certainement à rentrer en possession de leur propiété, et il en pourrait résulter de bien autres inconvénients que ceux qu'on trouve dans le plan des ministres.

Après quelques mots échangés encore sur le même sujet, la résolution primitive fut votée dans les termes rapportés ci-dessus.

Alors M. Stanley reprit la parole et dit : Que, le principe de la mesure étant adopté, il lui restait à entretenir la Chambre du premier moyen d'application *sans l'adoption et le vote duquel les ministres seraient dans l'impossibilité de faire faire un pas de plus à la question d'émancipation. Ce moyen était la fixation de l'indemnité à laquelle la Chambre se trouvait obligée en justice et en équité*, et il ne doutait pas que le pays ne la payât avec joie à ceux *qu'on allait soumettre à une perte inévitable*. Il avoua qu'il y avait une extrême difficulté à déterminer quel devait être le montant de l'indemnité ; mais ce qui était évident, c'est que par l'acte en délibération on allait enlever immédiatement aux maîtres le quart de la valeur de leurs esclaves, et au bout d'un temps limité la totalité de la propriété dont les

maîtres étaient en ce moment en possession; qu'en
attendant, les propriétaires ne seraient point exempts
de l'obligation de nourrir et d'entretenir leurs esclaves; — Que la valeur de cette espèce de propriété
ne devait pas s'estimer eu égard seulement à la valeur de la chose dont les maîtres allaient se trouver
dépouillés; qu'il y avait encore d'autres circonstances qui s'y rattachaient et qu'il était juste de prendre en considération; que, par exemple, on ne
pouvait faire, *dans l'estimation de l'esclave, abs-
traction de la valeur des terres, valeur créée et garantie par le travail même de ces esclaves attachés au
sol;* — Qu'il y avait pour la chambre une impérieuse
nécessité à ne pas traiter d'une manière parcimo-
nieuse et mesquine la partie pécuniaire de cette
question, mais de l'envisager d'un point de vue
tout à la fois large et libéral; — Qu'il faudrait qu'il
renonçât à rien connaître aux sentiments du pays
s'il lui fallait admettre que la nation s'inquiétât de
payer quelque chose au delà des indemnités rigoureusement dues; — Que l'idée dominante dans le
pays serait, sans doute, celle de l'importance qu'il
y avait de s'assurer la coopération de ceux qui sont
intéressés dans la question coloniale, et le risque
que l'on courrait de manquer l'opération si l'on se
privait de cette coopération; — Que, quant à lui,
il avait consulté des personnes bien informées de
la valeur de cette espèce de propriété; — Que,
d'après les calculs les plus minutieux, basés sur celui des probabilités de la vie humaine et sur la va-

leur du temps de travail de l'esclave dont on prive-
rait le planteur, on arrivait, pour chaque esclave,
à un minimum de valeur moyenne de 40 livres sterling (1,000 fr.), et à une somme de 30 millions sterling (750,000,000 fr.) pour la valeur totale de cette
nature de propriété dans nos colonies;—Que la somme qui devait représenter la valeur seule du temps
des esclaves lui paraissait ne pouvoir pas être estimée beaucoup au dessous de 15 millions sterling (375,000,000 fr.); — Qu'en admettant une diminution de valeur dans les esclaves après les douze années de la période de l'apprentissage, et sans
y rien ajouter pour les enfants qui naîtraient pendant le même laps de temps, puisqu'ils devaient
naître libres, il croyait *ne pouvoir pas réduire* la
somme que les propriétaires étaient en droit de réclamer *au dessous du chiffre qu'il indiquait*; mais
qu'en outre, dans une question de ce genre, la
Chambre avait à considérer s'il n'existait pas de
bonnes raisons pour ne pas s'en tenir à la stricte
valeur de la propriété, et si, même au point de
vue économique, il n'était pas sage d'aller, par une
plus large fixation du chiffre de l'indemnité, au devant des événements qu'une autre ligne de conduite pourrait faire naître, accompagnés de bien
plus grandes causes de dépenses.

M. Stanley ajouta : Que, dans un tel état de choses,
il pensait qu'il valait bien mieux agir franchement
avec la Chambre, en énonçant nettement les raisons qu'il avait, et que le gouvernement tout entier

avait aussi, de proposer une indemnité supérieure à cette somme de 15 millions sterl. (375,000,000 f.) dont il venait de faire mention ; — Que tous les intéressés dans la question coloniale, sans exception aucune, avaient déclaré que, quelque désir qu'ils eussent de ne rien changer à leurs rapports commerciaux avec les colonies, ils considéraient l'allocation de 15 millions st. (375,000,000 f.) *comme tellement insuffisante*, que, dans le cas où cette seule allocation aurait lieu, ce besoin de la conservation de leurs intérêts et de leurs fortunes les forcerait *d'arrêter immédiatement le cours des opérations commerciales* d'où dépend cependant l'existence même des colonies. D'un autre côté, il avait reçu de cette corporation (*West India body*), dont l'importance ne saurait être trop appréciée, l'assurance que, si le Parlement consentait à voter une indemnité de 20 millions st. (500,000,000 f.) pour la distribution en être faite aux planteurs dans la forme jugée la meilleure par le Parlement, la corporation donnerait un plein concours au plan du gouvernement, et emploierait volontiers toute son influence auprès des législatures coloniales pour les amener à concourir aussi à l'extinction de l'esclavage. Il était possible cependant que la somme de 20 millions sterl. fût plus forte que celle due pour le dommage souffert ; mais dans une question d'une aussi grande portée, où une simple différence de 5 livres sterl. (125 fr.) sur le prix de chaque esclave en faisait une de 3 à 4 millions (75 à 100 millions de fr.) sur le total de l'indemnité, il était impossible à la Chambre d'arriver à un résultat rigoureusement exact. — Que le principal intérêt du pays était de s'assurer du concours de tous les intéressés dans la question, et que la nation ne songerait pas à blâmer la fixation d'un chiffre supérieur à celui primitivement indiqué, si à ce prix elle voyait l'abolition de l'esclavage s'exécuter sûrement et paisiblement. M. Stanley conclut alors par la motion ci-après (comme 4<sup>e</sup> résolution).

« Quant à l'indemnité due aux planteurs des In-
» des occidentales, Sa Majesté est autorisée à leur
» accorder une somme qui ne dépassera pas 20
» millions sterl. (500,000,000 fr.) et dont la distri-
» bution aura lieu selon le mode que le Parlement
» aura jugé le plus convenable. »

Le colonel Davies se récria contre le projet d'une telle dépense à ajouter au fardeau qui accablait déjà le peuple anglais; il prétendit que l'intérêt colonial lui-même n'en éprouverait pas plus de soulagement que si l'on jetait cette somme à la mer. Il parla de réduire à 17 shillings (21 fr. 25 c.) le droit existant de 24 shill. (30 fr.) par quintal de sucre.

M. J. Smith dit qu'ayant été quarante ans dans les affaires, il n'avait pas manqué d'occasions de connaître l'immense importance du commerce colonial; — Qu'il était ennemi de l'esclavage soit physique, soit moral, sous quelque forme que ce fût; mais qu'il n'avait aucun désir d'en devoir l'abolition à une injustice; — Que déjà les fortunes coloniales avaient subi une très grande réduction ; — Qu'un grand nombre de ceux qui avaient été long-temps dans l'opulence n'étaient plus en état de faire même les frais de l'éducation de leurs enfants ; — Qu'il était à sa connaissance qu'une dame d'un rang élevé, et dont la fortune était engagée dans les affaires coloniales, n'avait pas en ce moment de pain à manger ; — Qu'il appuyait donc de grand cœur la proposition du très honorable gentleman, non pas seulement en raison de la justice de la cause, mais aussi dans l'espoir de s'assurer par là du concours des intéressés dans la question, *condition sans laquelle cette grande et importante opération ne pouvait qu'échouer.*

L'heure avancée de la séance ne permit pas d'aller jusqu'au vote de la motion, lequel fut renvoyé à la séance suivante.

## CHAMBRE DES COMMUNES.

Dans la séance du 12 juin, plusieurs membres exprimèrent des doutes sur la satisfaction qu'éprouverait la nation à consommer le sacrifice des 20 millions sterl. ( 500,000,000 fr.) demandés. — L'honorable secrétaire d'état pour les colonies, dit M. Robinson, parle de 20 millions sterling plus légèrement qu'il ne l'a souvent fait de 20 livres sterling ( 500 fr.). Il est hors de doute qu'on doit au planteur l'équivalent des *droits utiles* ( beneficial rights) qu'il retire de la propriété dont la mesure de l'émancipation le privera. Ce que le savant député de Hull a cru pouvoir alléguer contre le caractère de cette propriété est de la dernière absurdité (*perfectly absurd*). Tout ce qui a été sanctionné par la loi municipale est une véritable propriété. La propriété des esclaves a pour elle la sanction de la loi municipale dans toutes nos colonies, et, quelle que soit la nature des objections qu'on puisse faire contre cette espèce de propriété, les planteurs ont un titre incontestable à en recevoir la *contre-valeur* si on la leur enlève (*get compensation for the loss of it*).

Lord Sandon, répondant à d'autres objections dirigées contre l'allocation qui devait ajouter aux charges d'un pays dont le cri était la diminution des impôts, répéta ce qui avait déjà été dit de la nécessité de s'assurer du concours des législatures coloniales, et il ajouta que, bien que plusieurs de ses honorables collègues crussent à la possibilité de réduire le chiffre de 20 millions sterling (500,000,000 fr.), il pensait que la perte à couvrir exigerait bien plutôt une dépense de 25 millions sterling (625,000,000 fr.), qu'une de 17 (425,000,000 fr.). La valeur des denrées coloniales exportées de nos colonies dans la métropole est annuellement de 10 millions sterling (250,000,000 fr.); en privant immédiatement le maître du quart du temps de ses esclaves, on lui enlèvera réellement le quart de cette somme, 2,500,000 livres sterling (62,500,000 fr.) par an. Le gouvernement propose d'accorder aux colons, à titre d'indemnité, une somme de 20 millions sterling, soit un revenu annuel d'un million sterling (25,000,000 fr.); il est clair qu'à ce marché-là le colon aura encore à supporter sur son revenu actuel *une perte annuelle d'un million sterling et demi* (37,000,000 fr.).

M. Jerris, tout en combattant le chiffre de l'allocation, admit cependant que, puisque la propriété des esclaves avait été consacrée par des actes du Parlement, l'indemnité devait suivre toute idée d'en opérer la confiscation ( to confiscate it).

M. Stanley se plaignit des résistances qu'il éprouvait de la part de ceux qui admettaient le principe de l'émancipation, mais sans vouloir en fixer l'époque, et de la part de ceux qui n'avaient pas la moindre objection à faire contre le principe abstrait de l'indemnité, mais pour qui elles se présentaient en foule lorsqu'il s'agissait de passer à l'application; — Qu'il avait déjà maintes fois réfuté ce que quelques *honorables membres alléguaient du bénéfice que les planteurs devaient trouver du travail des libres; que tous les arguments de cette espèce n'étaient qu'un tissu d'absurdités. Autant vaudrait dire qu'il n'y a rien de plus économique et de plus avantageux que de donner ses chevaux pour en louer d'autres à leur place.* La seule question digne de l'attention de la Chambre est de trouver un système d'émancipation en harmonie avec la probité et la bonne foi, dont les intéressés ont droit de demander le respect. La première idée du gouvernement avait été de diviser en deux la mesure de l'émancipation ; de faire résoudre d'abord la question d'abolition, et de passer ensuite à l'allocation de l'indemnité. Mais on a abandonné ce plan par la crainte de voir l'un des bills admis et l'autre rejeté. Dans le système actuel, il y a ce grand avantage, que le même paquebot qui portera dans nos colonies la nouvelle de l'abolition de l'esclavage y portera aussi celle du respect que nous aurons eu pour les droits et les justes demandes des planteurs.

On entendit encore quelques orateurs qui, sans contester le principe de l'indemnité, cherchèrent à en éluder les obligations en y substituant une diminution de droits de 24 à 12 shillings (30 à 15 fr.), combinée avec un secours annuel destiné à faire face aux salaires ou à faciliter une émancipation progressive. D'autres, en admettant l'apprentissage, demandèrent que le terme de sa durée ne fût plus que trois années.

Lord Athorp prit alors la parole et dit : « Que, la Chambre ayant admis le principe d'une période d'épreuves comme utile à la liberté définitive du nègre, il fallait bien que cette situation, toute transitoire qu'elle fût, eût assez de durée pour produire l'effet qu'on en attendait ; — Que, quant au chiffre de l'allocation, il était prêt à reconnaître qu'il paraissait élevé, mais qu'il y avait utilité pratique autant que justice à ne pas le contester ; — Qu'il serait déplorable qu'on s'arrêtât ainsi au milieu d'une noble carrière, et qu'après avoir déclaré la cessation de l'esclavage, on mit le pouvoir exécutif *dans l'impossibilité de donner une solution pratique à cette déclaration;* — Qu'il regardait comme l'incident qui pourrait devenir le plus fatal à l'heureuse issue de la question la motion que M. Buxton avait faite de diminuer l'allocation, et d'imposer au gouvernement des obligations restrictives au sujet du paiement préalable et intégral de l'indemnité.

Quelques autres orateurs furent encore entendus, les uns pour et les autres contre l'amendement de M. Buxton; mais enfin la discussion fut close après un dernier discours de M. Stanley.

Tous les amendements mis successivement aux voix furent écartés, et la proposition d'une indemnité de 20 millions sterling (500,000,000 fr.) fut votée, avec une majorité de 219 voix sur 373 votants (1).

(1) On a présenté comme une grande faveur faite aux colons anglais la concession d'une indemnité de 500,000,000 fr., et on s'est quelquefois prévalu de ce que les agents des colons avaient primitivement admis l'idée d'un prêt. Mais ce qu'il faut ajouter, c'est qu'ils demandaient que ce prêt fût égal à la *valeur réelle* des esclaves avant que les discussions du parlement britannique eussent affecté cette valeur et l'eussent fait descendre au dessous du prix que les colonies avaient effectivement payé pour cette espèce de propriété aux capitalistes métropolitains qui la leur avaient livrée. Or cette somme, les agents des colons l'évaluaient non pas à 20, mais à 44 millions sterling, pour les 750 mille esclaves que possédaient les colons des 19 colonies britanniques. Avec ce prêt, dont les colons consentaient à payer l'intérêt de 5 p. 100 (dont 4 au profit du prêteur et 1 destiné à l'amortissement, qui devait s'effectuer en 41 ans) les commissaires de la corporation des Indes occidentales demandaient à la mé-

Après ce vote, **M. Stanley** reprit encore la parole
pour annoncer qu'on avait suspendu le départ du
paquebot pour qu'il pût porter aux colonies la connaissance de toutes les résolutions ; en conséquence
il insista pour que la Chambre voulût bien voter
encore la résolution suivante : « Sa Majesté sera au-
» torisée à faire facé à toutes les dépenses qui résul-
» teront de l'installation des magistrats salariés re-
» connus nécessaires dans les colonies ; et elle sera
» autorisée en même temps à fournir des subsides
» aux législatures locales pour les mesures qu'elles
» adopteront en faveur de l'éducation morale et re-
» ligieuse des apprentis. »

Cette résolution fut adoptée, avec un léger amendement de **M. Buxton** dirigé contre l'action exclusive du clergé anglican.

tropole la garantie de l'intérêt et la certitude de ne voir proclamer d'autres règlements locaux que ceux compatibles avec la
conservation des cultures et du reste de la propriété coloniale, en terres et bâtiments d'exploitation. Cette combinaison
avait le mérite de ménager les intérêts du trésor en associant le
travail du nègre à l'œuvre de sa libération. Dans ce système,
l'abolition de l'esclavage était toujours le couronnement de la
mesure ; mais tant que l'amortissement n'avait point produit ses
effets, l'autorité du maître restait intacte ; condition nécessaire
au maintien de la discipline des ateliers et à la conservation des
industries productives, sans danger d'ailleurs pour les droits de l'humanité, puisque la tutelle du gouvernement continuait à s'exercer
et sur les pouvoirs politiques coloniaux et sur la gestion des maîtres. Ce délai entre la promulgation d'un principe et son application sociale laissait un champ libre à toutes les espérances de
progrès pacifiques dans la société coloniale.

(Note du traducteu r.)

Ici finirent réellement les débats de la Chambre des communes. Les résolutions furent adressées à la Chambre des pairs, qui n'y fit que de légères modifications, consenties sans discussion par les communes.

## CHAMBRE DES PAIRS.

Ce fut le 25 juin que le comte de Rippon entretint officiellement la Chambre des lords de *certaines résolutions* ( certain resolutions ), qu'après de longues années d'examen et de discussion, la Chambre des communes avait adoptées, et pour lesquelles cette Chambre désirait le concours de leurs seigneuries. Le comte de Rippon s'empressa de déclarer qu'en sollicitant ce concours, il n'obéissait point à une de ces convictions forcées que lui auraient imposées des influences extra-parlementaires , et qu'il ne subissait le joug d'aucun de ces sentiments enthousiastes et déréglés ( *wild* and enthusiastic ) qu'aurait pu faire naître dans son esprit une horreur exagérée (*undue abhorrence*) — (l'expression est remarquable dans la bouche d'un abolitioniste prononcé) du crime d'esclavage. Il pria la Chambre d'être bien persuadée qu'il s'était sérieusement appliqué à n'aborder cette question que dans les dispositions d'esprit les plus calmes, et libre de toute préoccupation spéculative impropre à la discussion d'une grande mesure de politique pratique ; — Que, quelque haut que pût parler la voix de l'humanité,

il savait bien qu'elle ne pouvait commander à la
Chambre un vote vers lequel elle ne se trouverait
pas entraînée par des condérations de saine politique. — Alors il s'efforça de représenter la question
présente comme amenée par une nécessité impérieuse, celle du maintien de l'esclavage ayant été
forcément vidée par le temps. Il soutint que, quelque distinction qu'on eût voulu faire à ce sujet, l'a-
bolition de la traite avait dû conduire à l'abolition
de l'esclavage. Il prétendit que les grandes guerres
que l'Angleterre avait eues à soutenir avaient seules
pu distraire l'attention générale de cette question et
en faire ajourner jusqu'à présent la solution définitive. Il parla des pétitions nombreuses et répétées
que le parlement avait successivement reçues pendant cette période. Il ne blâmait ni n'oserait blâmer,
dit-il, les manifestations de ceux qui s'alarmèrent et
s'effrayèrent pour la conservation de leurs droits et
pour la réduction inévitable de leur fortune; mais enfin elles n'avaient pas empêché la question de marcher et de faire le grand pas constaté par les résolutions de 1823; — Qu'à la vérité ces résolutions ne déclaraient pas, comme les présentes, l'abolition de
l'esclavage, mais qu'elles y conduisaient en décidant
qu'il était convenable d'assurer aux nègres « la jouissance des franchises (1) dont le reste des sujets de
S. M. étaient investis; » — Que diverses circon-

(1) Ces mots, pris dans un sens tout judiciaire, ne s'entendaient
que de l'extension aux esclaves de certaines garanties des libres
à l'égard de la justice ordinaire du pays. (*Note du traducteur.*)

stances avaient empêché de déférer à la Chambre des lords les résolutions des communes en 1823, mais que celles adoptées en 1826 avaient été transmises à la noble Chambre et acceptées par elle; — Qu'ainsi le principe de l'abolition de l'esclavage n'y avait pas été moins complétement accepté que dans l'autre chambre; — Que, par conséquent, il ne restait plus à décider que la question d'opportunité. Ici le comte de Rippon fit de l'impatience des esclaves et de l'état général des choses dans les colonies anglaises un tableau qui devait faire envisager tout délai comme aussi dangereux qu'impossible.

Après ce préambule, l'orateur répéta tout ce que les abolitionistes les plus ardents alléguaient alors de l'aptitude du nègre à la liberté, de sa disposition et de son empressement à embrasser, conjointement avec la liberté, toutes les conditions du travail libre; ce qui ne l'empêcha pas d'insister en même temps sur les avantages que les anciens maîtres pourraient trouver dans le plan des ministres, qui avait eu pour but de leur assurer la double garantie du travail forcé et du travail volontaire. Lorsqu'il en fut à faire l'exposé de la 4e résolution, il posa comme *prémisses* ( he must here premise) qu'il n'avait jamais envisagé la question de l'émancipation sans avoir présent à l'esprit ce qui pouvait être dû aux maîtres actuels des nègres : son opinion avait toujours été que le Parlement avait le pouvoir de changer les rapports existants entre le maître et l'esclave, mais qu'il ne pouvait le faire (we *could*

not do) sans donner au premier une juste et équi-
valente (*adequate*) indemnité. La nation ayant
montré tant de désir de voir prononcer l'abolition
de l'esclavage, il ne pouvait douter qu'elle ne fût
en conséquence bien préparée à supporter les charges que le remède au mal qu'on voulait guérir devait nécessairement entraîner. Il ne voyait donc
rien que de rationnel à mettre à la disposition de
S. M. la somme dont il était besoin pour l'exécution
de la mesure ; — Que sans doute le chiffre de 20
millions sterling (500,000,000 fr.) était un chiffre
élevé, mais que, si au moyen de cette allocation on
arrivait au but des désirs du pays, sans mettre
l'existence des colonies en péril, personne sans
doute n'oserait dire que cette dépense ne fût aussi
honorable que nécessaire.

Passant alors à la dernière résolution, celle relative à l'installation des magistrats salariés et aux
mesures à prendre de concert avec les législatures
locales pour la moralisation des apprentis, le comte de Rippon représenta, comme on l'avait déjà
fait dans l'autre Chambre, qu'un aussi grand changement dans le régime intérieur des colonies en-
traînerait des dépenses dont il était juste que la
métropole prît une part à sa charge ; qu'il ne serait
pas prudent de laisser au seul arbitrage de la justice
locale le jugement des différends qui pourraient naître entre le maître et son ancien esclave ; qu'il y
aurait donc utilité à envoyer d'ici, comme magistrats spéciaux, des hommes exempts de tout esprit

de parti. Quant aux dépenses d'instruction religieuse, le Parlement ayant déjà depuis plusieurs années voté des sommes assez considérables pour le maintien, sur un pied convenable, dans les colonies, de l'église établie, l'utilité de l'instruction religieuse se trouvait admise et ne pouvait plus être matière à discussion.—Que le gouvernement n'avait point l'intention de rétribuer les cultes dissidents, mais que cependant il croyait nécessaire d'écarter les obstacles sur le chemin de tous ceux qui se dévoueraient à faire pénétrer chez les nègres les consolations de la religion.—Le comte de Rippon termina son discours en adressant à la Chambre les félicitations dues au grand acte qu'elle allait sans doute accomplir.

Le duc de Wellington prit alors la parole. Il commença par dire qu'il éprouvait au même degré que le noble comte l'anxiété d'esprit inséparable de l'examen que leurs seigneuries avaient à faire d'une si importante question. Il ne nia pas qu'ainsi que l'avait remarqué le noble comte, le premier coup porté à l'esclavage eût été le vote qui avait aboli la traite; mais il n'admit pas que, comme conséquence forcée du vote de 1807 et des autres mesures successivement prises sur le même sujet, il dût s'en suivre la nécessité d'accéder en 1833 aux nouvelles résolutions proposées; il ajouta qu'il se devait à lui-même, ainsi qu'aux hommes politiques avec lesquels il avait marché, de démontrer que les faits antérieurs sur lesquels s'était appuyé le noble orateur ne conduisaient pas légitimement aux conséquences qu'il voulait leur faire produire. Alors il rappela à la noble Chambre que, dans les débats relatifs à l'abolition de la traite, les avocats les plus chauds de la mesure firent eux-mêmes la distinction qu'ils ne demandaient pas à la faire suivre de l'abolition de l'esclavage ; ils affirmèrent, au contraire, que leur seule intention était d'améliorer la condition des esclaves et l'état de l'ordre social aux colonies. Les résolutions proposées, ajouta le duc de Wellington, ne découlent pas plus légitimement de ce qui s'est passé en 1814 et en 1823. En 1814, on fit auprès de tous les gouvernements amis des démarches tendant à obtenir la cessation de la traite, mais rien de plus. En 1823, le très honorable personnage qui conduisait alors les affaires du gouvernement dans l'autre Chambre proposa des résolutions qui avaient pour objet l'abolition définitive (*ultimate abolition*) de l'esclavage ; mais ce fut là la première circonstance dans laquelle le Parlement entendit parler de l'abolition de l'esclavage comme d'une mesure recommandée par le gouvernement. Il fut statué alors, par les résolutions adoptées, que l'émancipation aurait lieu *dans un temps éloigné* (at a distant period), après que les nègres seraient arrivés à un certain degré de civilisation, et que l'état de la société coloniale serait devenu tel qu'il fût avantageux au nègre et à son maître que l'émancipation s'accomplît. D'autres résolutions partant des mêmes bases ont été de temps à autre envoyées par le gouvernement dans les colonies, et il doit aux législatures coloniales la justice de dire que, si elles n'ont pas fait tout ce qu'on leur demandait, elles ont cependant tant fait, que de 1823 à 1830 il n'y a pas eu un ministère des colonies qui n'ait exprimé son approbation de leur conduite ; — que depuis 1830 de nombreuses améliorations avaient été successivement introduites dans la condition des esclaves, et qu'il n'y avait pas lieu d'abandonner ce système pour se jeter dans de si grandes et de si graves innovations sans les préparations préalables que l'état des colonies et même celui des esclaves exigeaient ; qu'on n'aurait jamais dû y songer qu'après avoir acquis la preuve des grands progrès opérés par les mesures en cours d'exécution ; — qu'on pouvait arriver ainsi au même but, mais que ce but était encore prématuré; — qu'au lieu de cela on avait expédié des ordres en conseil dont il avait fallu reconnaître l'impraticabilité dans quelque colonie que ce fût, soit à législature, soit de la couronne, et qu'on avait été forcé de les révoquer.—Qu'en est-il résulté? c'est qu'en reconnaissant l'inapplicabilité du système de 1831, au lieu de revenir au système de 1830, on n'avait trouvé rien de mieux que de forcer la question jusqu'à une entière émancipation. Mais ce que la Chambre doit examiner avant tout, c'est de savoir si l'état de la société coloniale commande ce changement, et si, cette révolution une fois accomplie, l'esclave affranchi consentira à travailler moyennant salaire. Sur ce premier point, on n'a fourni aucune preuve. S'il s'en rapportait à son jugement personnel, il serait convaincu que, dans la situation réelle des choses, la vérité est l'*inverse* des assertions du noble comte ( the very contrary of what the noble lord had stated it to be). — Quant au second point, il n'avait pas de certitude plus favorable : tout ce qu'on avait avancé de la Colombie avait été bientôt après démenti par les faits subséquents ;—Que le noble comte aurait bien de la peine à trouver, sur le sol même de l'Afrique, des indices de la disposition naturelle des nègres au travail ; — Que, dans une autre occasion, le noble comte avait lui-même admis qu'à moins de mesures coërcitives, le travail serait abandonné, et que, pour en obtenir la continuation, il avait lui-même proposé qu'outre l'emploi des moyens coërcitifs, on eût encore recours à des impôts élevés sur les objets de consommation alimentaire ( leurs seigneuries voudront bien ne pas l'oublier ), afin d'amener les nègres à travailler pour un salaire ! Maintenant, il avait besoin de savoir comment, en l'absence de mesures analogues, on pourrait obtenir la garantie du travail des apprentis.

Après quelques autres observations sur l'incohérence des mesures successivement appuyées par les ministres, lord Wellington attaqua l'insuffisance de celles qui déclaraient les enfants libres, sans avoir rien déterminé au sujet des dépenses de leur entretien et de leur éducation. Passant à l'appréciation de la conduite des apprentis, il objecta le nouveau dommage qui pourrait en découler pour le maître.

Il est possible, dit-il, que l'apprenti, libre de toute contrainte, ne veuille pas travailler de manière à satisfaire les besoins du maître. Où est l'indemnité qui doit faire face à cette perte? Et si on lui donne la liberté complète après douze années d'apprentissage, soit que pendant cette période il ait travaillé ou non, où sera donc encore l'indemnité qu'un pareil état de choses commande? L'orateur sait bien que les planteurs sont de toutes manières condamnés à de grandes pertes, *à des pertes beaucoup plus grandes que celles qui sont prévues et généralement admises*; par conséquent, il est entièrement d'avis qu'aucune mesure d'émancipation ne peut marcher sans la concession d'une indemnité. Mais à ses yeux l'allocation de 20 millions sterling (500,000,000 f.) *est loin de satisfaire aux justes droits de cette indemnité*, parce que, pour une partie des colons, les effets en seraient à peine sensibles; qu'il y en avait d'autres dont toute la fortune consiste en esclaves, et qui, n'ayant pas de terres, n'auraient rien à espérer au delà de la période des douze années d'apprentissage; — que cependant rien n'était prévu pour venir au secours de ces dommages. Il y a, en outre, un autre côté de la question que le noble comte n'a point abordé : ce sont les conséquences qu'en ce qui tient à la question du travail des nègres, la mesure tout entière peut avoir sur le commerce général du pays. Supposons que dans le nouvel état de choses le nègre ne veuille pas travailler : n'en résultera-t-il pas la cessation complète des

rapports commerciaux existants depuis tant d'années et avec tant d'avantages pour nous entre nous
et nos colonies? Or ces rapports n'intéressent pas
seulement au plus haut degré notre commerce ;
leur importance s'étend jusqu'à notre puissance
navale, et, *en fait, à tout ce qui peut ajouter à l'honneur et à la gloire de l'empire.* On dira peut-être que,
si le sucre cesse d'être produit dans nos colonies,
nous irons le chercher ailleurs, et qu'ainsi, nous
aurons le même moyen d'emploi pour nos marins
et nos vaisseaux. Mais vos seigneuries n'ont pas
besoin que j'insiste auprès d'elles sur le plus grand
avantage qu'il y a d'apporter le produit de nos propres colonies dans nos propres vaisseaux (1). Ce
n'est pas tout : il y a encore un autre point à considérer. Si le sucre manque chez nous, où pourrons-
nous aller le chercher si n'est dans les colonies à
esclaves? Que diraient ceux qui crient si haut en
faveur de la mesure, si leurs efforts n'avaient abouti,
après la subversion de ce qui existe chez nous, qu'à
faire revivre ailleurs la traite avec une nouvelle
ardeur, accompagnée de toutes les horreurs inséparables de la contrebande en matière de pareil trafic? Cependant, on a déjà été si loin dans la voie des

(1) Considération bien autrement puissante pour tout pays
qui, comme la France, n'a, sur une certaine échelle un peu res-
pectable, de marine marchande utilement et sûrement employée
que celle de la navigation réservée, c'est-à-dire celle qui est
nantie du monopole de la navigation du commerce entre la mé-
tropole et ses colonies.			(*Note du traducteur.*)

propositions ministérielles, qu'il n'ose pas demander
à leurs seigneuries de repousser les résolutions ;
mais au lieu de procéder par un bill impératif, il
pense encore qu'il vaudrait bien mieux s'adresser
aux colonies elles-mêmes, pour les inviter à pourvoir aux moyens d'exécution. Si l'on s'écarte de
cette ligne de conduite, ainsi que les ministres pa-
raissent y être décidés, que deviendra donc tout le
système législatif des colonies ? car, une fois le bill
passé dans cette forme, c'en est fait de tout l'édifice
politique des colonies.

Le noble duc lut ensuite des extraits de divers
documents, d'où résultait la preuve de la disposition
des colonies à s'associer à des mesures analogues aux
résolutions des Chambres. Il donna l'explication de
la résistance que les désirs du gouvernement avaient
rencontrée jusqu'à présent, par *l'absence des garanties d'ordre et de justice qui leur avaient manqué jusqu'à ce jour, au sujet de la juste indemnité qui pouvait seule les préserver d'une ruine totale;* — Que les agents des colonies avaient clairement
déclaré que les colonies ne pouvaient faire l'abandon
de l'indemnité qui leur était strictement due pour la
substitution du travail libre au travail forcé; mais
qu'aussitôt que le gouvernement leur donnerait la
certitude du paiement d'une indemnité en rapport
avec les pertes et les risques à subir, les colonies seraient prêtes à concourir, autant qu'il était en elles,
à une heureuse issue de l'entreprise. Si, au contraire, le gouvernement prend le parti d'imposer
son plan sous la forme absolue d'une loi, ou par tout

autre moyen que celui des voies de conciliation
et de persuasion, il est évident qu'il dégrade ainsi
les législatures coloniales aux yeux de ceux-là même
qu'elles doivent conduire. — Peut-on croire d'ailleurs que des hommes revêtus d'un caractère législatif se soumettent au joug de lois toutes faites qu'on
viendra leur imposer? Il n'est pas dans la nature de
l'homme de ne pas résister à de pareils actes. Quelles peuvent en être les conséquences? Faudra-t-il
que le gouvernement et les troupes de S. M. en
viennent aux mains avec la population blanche de
nos colonies, *dont la protection est notre premier
devoir?* Triste conflit qui ne pourrait aboutir qu'à
la destruction totale de nos colonies. Le meilleur
moyen de prévenir de pareils malheurs serait donc
d'envoyer ces résolutions aux colonies, mais de
ne les y envoyer que sous forme de simples résolutions; — D'engager les colonies à en adopter et à en appliquer les principes; d'employer,
en un mot, tous les moyens de conciliation, mais
non d'en faire l'objet d'une loi, à moins d'une nécessité bien et ultérieurement démontrée. Ce qu'il
est encore disposé à recommander au gouvernement, ce serait l'envoi d'un haut commissaire qui
eût plein pouvoir de régler cette question avec cha-
cune de nos colonies. — Que ce commissaire ait
des instructions, j'y consens, dit le noble orateur;
mais qu'il ait aussi la faculté d'y déroger, si la chose
lui paraît sage et nécessaire.

Quant à la résolution relative à l'instruction religieuse et à la moralisation des nègres, il proposera à la Chambre la suppression des mots : *un système large et libéral d'éducation* (qui ont été ajoutés à la résolution primitive, comme amendement de M. Buxton). — A tort ou à raison, les colonies n'ont vu qu'avec défiance, et même qu'avec crainte, l'arrivée des missionnaires qui leur ont été envoyés par les dissidents d'Angleterre. Si l'on veut que la mesure de l'émancipation s'accomplisse sans effusion de sang, il faut rayer de la résolution ces mots que les colonies interpréteront comme un encouragement donné à l'intervention de ces missionnaires.

En terminant, le duc de Wellington assura la Chambre qu'il formait les vœux les plus sincères pour le succès de la mesure, malgré les doutes qu'il ne pouvait s'empêcher de conserver à ce sujet.

Après lui, lord Suffield (1) prit la parole en faveur du projet. Il donna son assentiment à l'allocation des 20 millions sterling (500,000,000 fr.) d'indemnité, tout en exprimant le désir que le paiement fût fractionné en deux termes, dont le second n'écherrait qu'à l'expiration de l'apprentissage. Il fit cependant quelques objections contre la mesure même de l'apprentissage, non pas en raison de ce que les obligations qui devaient en résulter pour le nègre lui-même lui parussent une chose injuste,

(1) L'un des membres les plus fervents de la Société abolitioniste.

mais parce qu'il croyait d'une saine politique de laisser le travail libre produire de lui-même tous ses bons résultats. Il ajouta que l'apprentissage pourrait se justifier s'il avait été question de forcer le nègre à se racheter lui-même avec le prix de son travail ; mais que, Dieu merci ! une aussi monstrueuse pensée avait été abandonnée ; — Que, quant à lui, il ne doutait pas de la bonne volonté du nègre à travailler moyennant salaire ; et que, comme il avait été démontré que le sucre obtenu par le travail (1) libre pouvait être livré à bien meilleur marché que celui produit jusqu'à ce jour par le travail forcé, il ne se préoccupait point du tout de la crainte de voir l'exploitation des colonies à esclaves prendre de nouveaux développements, par suite de l'adoption de la mesure en discussion ; — Que, quant aux expressions dont le duc de Wellington avait demandé la suppression, il en demandait le maintien au nom

(1) La démonstration inverse résulte des faits accomplis sur le marché britannique. Le colon anglais y trouve et a besoin d'y trouver un prix net de 36 fr. par 50 kil., au lieu des 24 fr. qui pouvaient autrefois lui suffire. Où en serait-il sans la protection du tarif différentiel qui repousse le sucre étranger ? Sans cette protection les cultures se seraient déjà complétement arrêtées dans les colonies britanniques : car en présence d'un sucre obtenu et par conséquent livrable à bien meilleur marché par les planteurs de la Havane et du Brésil, le colon anglais n'eût pu faire face aux salaires élevés par lesquels il combat, imparfaitement il est vrai, mais enfin il combat les tendances anti-laborieuses de la race noire. C'est ainsi que le consommateur anglais continue à faire les frias d'une émancipation qui ajoute aux charges de l'indemnité première celles journalières du plus haut prix du sucre.

de toute la partie la plus religieuse du public anglais ; — Qu'il ne voulait pas entrer dans le détail des persécutions qu'on avait fait éprouver dans les Indes occidentales à certaines sectes religieuses ; mais que, puisque le noble duc avait *insinué* que les missionnaires de ces sectes s'étaient faits les instigateurs de la révolte lors des dernières insurrections d'esclaves, il se sentait obligé de dire que dans toutes les procédures instruites à ce sujet on n'avait jamais trouvé contre eux la moindre preuve.

A quoi le duc de Wellington répondit brièvement qu'il n'*insinuait* rien ; que tout ce qu'il avait clairement dit, c'est que beaucoup de personnes croyaient que les missionnaires en question n'étaient point étrangers aux provocations qui avaient entraîné la population esclave à la révolte ; mais qu'il n'avait entendu affirmer ni infirmer le fait.

Le comte d'Harewood, répondant aussi à lord Suffield, dit que le noble baron (lord Suffield), membre si éminent de la société abolitioniste, aurait aussi bien fait, en attaquant la mesure de l'apprentissage, de s'abstenir du langage qu'il avait tenu au sujet des esclaves, lorsqu'il avait dit que, s'ils ne pouvaient obtenir tranquillement leur liberté, ils sauraient bien la prendre ; — Que, quant à ce qu'avait affirmé le noble baron de la bonne disposition des nègres libres au travail volontaire, en s'appuyant des rapports de commissions dans les deux Chambres, il défiait le noble lord de citer un seul passage de ces rapports qui pût établir que des nègres libres eussent jamais travaillé à la production du sucre, et qu'il le défiait même d'indiquer une seule circonstance dans laquelle cette question ainsi posée eût conduit à l'affirmative sur l'existence d'un travail de ce genre ; — Que des nègres libres se fussent en quelques lieux engagés pour tout autre travail, il ne niait pas que la chose pût avoir eu lieu, mais quant à la production du sucre...

Et l'amiral Fleming ? dit, en l'interrompant, lord Suffield.

Le comte d'Harewood : A-t-il dit qu'il a vu des nègres libres produire du sucre ? l'a-t-il dit ?

Lord Suffield : Oui.

Le comte d'Harewood : Ce n'est certainement pas dans le rapport fait à notre chambre.

Plusieurs lords : Devant une commission de l'autre chambre.

Le comte d'Harewood : Je n'ai lu que les dépositions faites devant notre chambre ; je puis donc être dans l'erreur sur ce point ; mais je maintiens que les dépositions faites devant notre chambre ont été constamment unanimes contre le fait de la production du sucre au moyen du travail volontaire des nègres libres. S'il existe un exemple du contraire, je maintiens encore que cet exemple est unique.

Rentrant alors dans l'examen des résolutions en discussion, l'orateur se plaignit des procédés du gouvernement vis-à-vis des premiers intéressés dans la question des Indes occidentales. Il s'affligea de ce que, sans égard ni aux droits, ni même au

salut des colonies, le gouvernement ne s'était montré préoccupé que de l'intérêt des esclaves. Il exprima ses regrets de ce que les résolutions en discussion eussent été livrées à la presse en même
temps que communiquées à la corporation des
Indes occidentales; — Que, depuis lors, ce corps
n'avait reçu aucune autre communication du gouvernement, bien que ces résolutions fussent de
nature à compromettre la propriété de ses membre, à mettre en danger la vie des blancs de nos
îles, et même à menacer *quelques uns des intérêts
les plus vitaux de la mère-patrie*. Il affirma, sur sa
responsabilité personnelle, qu'il n'était pas permis
de douter de la sincérité de la corporation au nom
de laquelle il parlait. Le noble lord assis en face
(c'est au comte de Ripon que l'observation s'adressait) nous a dit que les détails de la mesure seraient
remis aux soins des colonies. Que veulent dire ces
mots? Que le Parlement impérial aura pris pour lui
toutes les dispositions gracieuses, et que les législatures coloniales n'auront plus à s'occuper que
des mesures de rigueur qui pourront atteindre leurs
subordonnés : car ce qu'on leur abandonne, c'est le
droit tout entier, il est vrai, de proclamer les pénalités qui doivent accompagner les prescriptions
du système. Lord Harewood finit en insistant sur la
nécessité de faire la plus large part possible aux
assemblées coloniales dans les dispositions à prendre pour remplir le but des résolutions en discussion.

Le comte Grey ( chef du cabinet ) résuma la défense du gouvernement dans cette affaire. Il commença par dire qu'il n'y avait pas, dans toute la
Chambre, un homme qui fût plus pénétré que lui
de l'importance, de la délicatesse, et il était prêt à
le reconnaître , *des dangers* inséparables de la
solution de cette question. Aussi n'était-ce que
sous l'empire d'une nécessité absolue que le gouvernement avait pris le parti de l'aborder. Il ne
nia pas le fait d'une publicité prématurée donnée
aux résolutions communiquées sous forme con-
fidentielle à la corporation des Indes occidentales ; mais il chercha à faire entendre que l'in-
discrétion pouvait appartenir aux amis du comte
d'Harewood aussi bien qu'aux agents du gouvernement, qui n'avait point autorisé cette publica-
tion. Quant aux résolutions en elles-mêmes, qui
devaient, à la vérité, donner lieu à un bill, il
prétendit qu'il était prématuré de s'en occuper sous
ce rapport ; mais il combattit la proposition du
comte d'Harewood , qui demandait qu'elles fussent
envoyées aux colonies sous cette simple forme, et
qui répondait de leur application sincère et loyale
par les assemblées coloniales. Il allégua contre cette
proposition que le Parlement impérial ne ferait
pas son devoir si, après avoir adopté ces résolutions , il les adressait aux colonies sous une autre
forme que celle d'une loi. Il affirma que, dans l'un
comme dans l'autre cas, les législatures coloniales
ne pouvant jamais exercer d'autre rôle que celui

d'une action soumise à l'influence et à la ligne tracée par les décisions du Parlement britannique, la marche recommandée par le comte d'Harewood ne pourrait leur ôter l'odieux des mesures d'exécution. Il ajouta que le peuple anglais avait besoin de garanties; que le gouvernement pouvait seul les lui assurer. Il s'éleva contre les nouveaux délais qu'on demandait à titre de préparation des esclaves à la liberté. Il reconnut que cette préparation était fort désirable, mais il accusa les assemblées coloniales de n'y avoir pas voulu concourir, quoique le duc de Wellington eût voulu leur en faire honneur. Passant au chiffre de l'allocation pour l'indemnité, il dit que c'était en effet une somme considérable que le gouvernement demandait pour cet objet, mais qu'il pensait avec le noble ami assis à ses côtés (le comte de Ripon) que, si le Parlement anglais trouvait juste d'abolir l'esclavage, les intérêts de ceux dont *l'esclavage constituait la propriété* devaient aussi être pris en considération, et que l'acte généreux que leurs seigneuries accompliraient ne pouvait s'accomplir aux dépens des planteurs. On a souvent demandé au peuple de ce pays, ajouta lord Grey, des sommes beaucoup plus considérables au nom de l'honneur et de l'intérêt de la nation, et le Parlement n'a jamais hésité à les accorder avec joie, et cependant ces grandes satisfactions d'honneur et d'intérêt ne pouvaient s'obtenir que par des moyens qui laissaient place à de justes regrets. Quand la nation s'enivrait de la gloire acquise au prix de ces

dépenses, la joie publique était toujours empoison-
née du sentiment douloureux des maux inséparâ-
bles des succès les plus glorieux. S'il était nécessaire
alors de résister à l'attaque de l'étranger, de défendre,
les armes à la main, l'honneur et l'intérêt du pays,
l'est-il moins aujourd'hui de soutenir l'honneur du
caractère britannique, en faisant disparaître de
toute la surface de l'empire l'odieuse condition de
l'esclavage, que réprouvent la constitution du pays
et le cœur de tout véritable Anglais?

C'est à ce titre que, plein d'espérance dans le
succès de la mesure, il ne croyait pas qu'on dût
chicaner (did not grudge) sur le paiement des 20
millions sterling (500,000,000 fr.). La valeur du
nombre total des esclaves est estimée à 30 millions
sterling (750,000,000 fr.) ajoute lord Grey; un
quart du temps de l'esclave va être enlevé immédiatement au maître, et, en définitive, celui-ci sera privé
de la totalité de cette propriété. C'est en partant de
cette base, et conformément aux calculs faits avec
soin, que les ministres en sont venus à pouvoir dire qu'une allocation de 20 millions sterling
constituerait une loyale indemnité pour le tort et
les dommages que le plan du gouvernement ferait
éprouver aux propriétaires colons.

Le duc de Wellington, répondant à certaines assertion du comte Grey, soutint que, bien que les
législatures coloniales n'eussent pas fait tout ce
qu'on pouvait désirer d'elles, elles avaient incontestablement beaucoup fait pour l'amélioration de la

condition des esclaves, et qu'il pouvait en fournir la preuve dans les témoignages d'approbation que plusieurs de leurs actes avaient reçue du gouvernement métropolitain. — Alors le noble duc lut des extraits des différentes dépêches de 1827 et 1828 exprimant à plusieurs assemblées coloniales les remercîments de S. M. pour leurs efforts favorables à l'amélioration de la condition de la population esclave.

Lord Grey répliqua qu'aucun de ces documents n'était applicable à la Jamaïque.

Le comte d'Harewood persista à accuser le gouvernement de n'avoir pas mis la franchise nécessaire dans ses rapports avec la corporation des Indes occidentales.

Lord Ellenborough prit alors la parole : il commença par exprimer son adhésion pleine et entière à tout ce qu'avait avancé le duc de Wellington, ajoutant qu'il n'entendait pas se séparer de lui dans son assentiment aux résolutions en discussion ; — Que néanmoins il eût désiré que le noble comte ( le comte de Ripon) eût été un peu plus explicite sur le mode de paiement en capital et en intérêts de la somme constituant l'indemnité. Il affirma que l'assemblée coloniale de la Jamaïque avait fait beaucoup de bien, et qu'elle avait prêté un loyal concours à l'administration sage et modérée de son noble ami assis près de lui (lord Belmore); que l'égalité des droits politiques avait été concédée par cette assemblée aux hommes de couleur libres ; que les escla-

ves avaient été admis par elle à témoigner en justice, et qu'elle avait adouci la sévérité des lois cri-
minelles; — Que ces améliorations s'étaient effec-
tuées d'autant plus facilement, que son noble ami
avait apporté dans l'exercice du pouvoir plus de
modération et de réserve, qualités dont paraissait
complétement dépourvu le caractère de son succes-
seur. — Il témoigna d'ailleurs son étonnement de
voir le ministère prêter son appui aux résolutions
en discussion, quand il y avait à peine un an qu'un
ministre de la couronne repoussait les propositions
parfaitement semblables faites dans l'autre chambre par M. Buxton. Le devoir du gouvernement n'est
pas toujours de se mettre sous le joug des passions
du public, mais bien plutôt, lorsque la nation s'é-
gare, de la ramener dans le droit chemin. La chambre des communes, qu'on aurait pu croire peu favorable aux mesures de coërcition à imposer à l'Ir-
lande, a fourni, par son vote, la preuve de sa confiance sans bornes dans le cabinet; elle a poussé
cette confiance jusqu'à se dédire elle-même dans le
vote d'un impôt d'abord refusé. Elle a accepté tour
à tour l'idée d'un prêt de 15 millions sterling
( 375,000,000 fr. ), et celle de l'allocation de 20
(500,000,000 fr. ). Il n'est donc pas permis de douter que, si les ministres l'eussent voulu, les communes n'eussent accédé, dans le cas présent, à toute
espèce de mesures rationnelles prises dans l'ordre
d'idées des résolutions de 1823. Les nobles lords

assis en face disent que la question est pleine de difficultés? Cela est vrai; mais ne doivent-ils pas s'attribuer une partie de ces difficultés? Ont-ils oublié le mauvais effet des résolutions du 15 avril 1831, celui produit par la menace de l'augmentation des droits de douanes? Ne sont-ce pas ces mesures, dont quelques unes étaient prises sans l'approbation du Parlement, *ne sont-ce pas ces mesures imprudentes, qu'on n'aurait jamais dû proférer, qui ont jeté l'effroi dans les colonies, qui y ont soulevé les esprits, et ont poussé les législatures locales à des manifestations qu'on n'aurait point à leur reprocher sans cela?* Lord Ellenborough ajouta qu'il espérait encore avec son noble ami ( le comte d'Harewood) que le noble comte, chef du gouvernement, ne pousserait pas les choses jusqu'à la promulgation d'une loi dans la presente année; — Qu'on laisserait au moins aux législatures coloniales le temps nécessaire pour aviser au meilleur moyen d'entrer dans les vues du gouvernement; — Que, quant à l'allocation de 20 millions sterling (500,000,000 f.), il était possible qu'elle sffîut à l'indemnité due aux propriétaires planteurs; mais où sera l'indemnité du peuple anglais, et pour cette nouvelle charge, et pour les pertes incontestables qu'il lui faudra subir dans son commerce, dans ses manufactures et sa navigation? Il sait très bien qu'une réduction des droits de douanes ne peut jamais constituer une indemnité équitable pour les planteurs ; mais cette mesure, combinée avec celle d'une allocation en argent, pourrait peut-être, si l'on opérait encore dans l'esprit des résolutions de 1823, concilier l'intérêt des planteurs avec le soulagement dû au peuple de la métropole. Les dépenses de l'indemnité, jointes à celles de magistrature spéciale, de police et d'école, s'élèveront trop haut pour qu'on ait désormais le loisir de songer à une réduction de taxes, quelque désirable qu'elle fût. Il ne faut pas se dissimuler que l'allocation des 20 millions sterling (500,000,000 fr.) constitue à elle seule une grave difficulté financière : car croit-on pouvoir ajouter aux charges du peuple une charge annuelle de 13 à 14 cent mille livres sterling (32,500,000 à 35,000,000 fr. ) sans exciter son mécontentement? Et pour qui tant de dépenses? Sera-ce au moins au profit de l'humanité? Certainement non, car si la mesure en discussion doit avoir pour résultat de faire cesser l'esclavage dans nos colonies, elle aura aussi celui d'en favoriser l'extension dans les colonies étrangères et d'y créer des souffrances dont nos colonies n'offraient point d'exemple. — Cela est évident pour tout homme qui voudra réfléchir sur la nature des divers marchés du sucre dans le monde entier. — Nous croyons peut-être pouvoir dire que nous nous en lavons les mains et que le crime ne sera pas le nôtre ; mais cependant si c'est nous qui créons un pareil état de choses, il est impossible que nous ne conservions pas notre part dans la responsabilité du délit. La conséquence fatale du changement à opérer dans la législation qui régit nos colonies n'apportera au nègre que *l'abandon dans l'enfance, la paresse et la débauche dans l'âge mûr, l'absence de tous les soins que réclame sa vieillesse.* Voilà ce qu'on lui destine en échange des avantages dont il est en possession. Dans cette conviction l'orateur déclare qu'il n'y aurait à bien dire que la dernière résolution qu'il pût réellement et sincèrement accepter; que cependant il ne demandait pas mieux que de pourvoir à toutes les dépenses de protection et d'instruction pour les esclaves; mais que, dans l'ensemble des mesures présentées, rien ne pouvait lui faire illusion sur le dommage certain qui devait en résulter, sans aucune espérance raisonnable d'un avenir tranquille pour les colonies, ni d'une prospérité ultérieure pour nos manufactures, notre commerce et notre navigation.

Le lord chancelier (lord Brougham) ne voulut voir dans le discours précédent qu'un panégyrique de l'esclavage. Il repoussa toute idée de doute sur la disposition des nègres à se livrer volontairement au travail après leur affranchissement. Il condamna les sombres prophéties du duc de Wellington, de lord Ellenborough et des autres opposants au projet. Il affirma que la race noire soumise à de bons règlements avait déjà fourni plus d'une preuve de sa disposition à un travail régulier. Il s'autorisa du témoignage de l'amiral Fleming, et de l'exemple de la Colombie et de Cuba, où, sur la foi de cet officier général, il n'hésita pas à soutenir que le sucre s'obtenait par le travail des bras libres. Il crut pouvoir fortifier sa théorie de l'exemple de travaux à la tâche que les colons hollandais faisaient exécuter à leurs esclaves dans leur colonie de la Guyane, donnant à ce fait du régime esclave la valeur d'une preuve que le travail libre devait être beaucoup plus profitable que le travail forcé. Il fit même une excursion dans l'agriculture pratique, et demanda s'il y avait une si grande différence entre la production du sucre et celle du café et du coton que le nègre recueillait avec soin dans son propre jardin. Il admit d'abord, puis il nia ensuite que la production du sucre pût être diminuée dans les colonies par l'adoption de la mesure en discussion. Il allégua que, dans le cas même d'une diminution du quart au tiers, le revenu de l'Etat n'aurait point à en souffrir, puisque c'était le consommateur, et non le planteur ni le négociant, qui payait les droits d'entrée; — Que quand bien même il devrait en résulter, comme cela était probable, quelque augmentation de production dans les colonies étrangères, cette circonstance serait sans influence sur la continuation de la traite. Il ajouta que la surtaxe (1)

(1) Cette surtaxe, qui est de 97 fr. 50 c. par 100 kil. de sucre étranger, et qui, par conséquent, est prohibitive, a seule pu, en effet, permettre aux colons anglais la continuation de leurs cultures : car c'est en vertu de cette surtaxe que le planteur anglais a

des sucres étrangers était calculée de manière à prévenir les effets de ce résultat, s'il se réalisait. D'argument en argument il arriva jusqu'à faire craindre à la Chambre d'ébranler sa popularité et de compromettre son influence dans le pays, si elle permettait que dans son sein on jugeât avec légèreté ou avec un blâme soigneusement étudié (elaborate vituperation) les actes d'une autre chambre.

Lord Winford dit qu'il ajouterait peu de mots aux excellents arguments de son noble ami (lord Ellenborough), mais qu'il ne voulait cependant pas laisser dire que les adversaires de la mesure fussent les avocats de l'esclavage; — Que ni lui ni ses amis ne combattaient l'idée de sa cessation absolue; mais qu'ils combattaient le plan ministériel parce qu'ils n'avaient pas confiance dans les résultats promis, et qu'ils y voyaient, au contraire, une certitude de dommage pour le commerce et la navigation du pays, au profit du commerce et de la navigation étrangère, et plus particulièrement de l'Amérique. Il nia que les législatures locales eussent contrarié en rien les effets des résolutions de 1823, et soutint que toute assertion contraire ne pouvait être dictée que par la partialité la plus exclusive. Enfin, il

pu réaliser de son sucre un prix de 56 fr. par 50 kil., prix qui lui est indispensable pour faire face du salaire élevé et au travail irrégulier des nègres affranchis, qui ont élevé le prix de revient et diminué déjà de près d'un quart le total de la production du sucre britannique. (*Note du traducteur.*)

maintint qu'il ne serait pas sage au Parlement d'empiéter sur l'action des législatures locales, en se chargeant de la promulgation des mesures d'exécution.

Ainsi finirent les débats de la noble Chambre, qui accepta les résolutions présentées, mais avec la suppression, demandée par lord Wellington, de l'amendement de M. Buxton, que lord Grey avait cependant essayé de défendre.

Le ministre des colonies, par dépêches des 13 et 26 juin, transmit ces résolutions aux gouverneurs respectifs, et plus tard, le 5 septembre, il leur envoya le bill lui-même, voté à la fin d'août, pour recevoir son application au 1er août 1834.

# APPENDICE.

Il ne peut être sans intérêt de joindre ici quelques extraits des numéros du *Courrier anglais* des 8, 15 et 16 décembre 1839, qui peuvent servir à donner une idée des résultats produits, tant au dedans qu'au dehors du pays, par le fait de l'émancipation britannique.

On ne songe pas, en Angleterre, à nier le déficit que la complète libération des esclaves a occasionné dans l'ensemble des récoltes coloniales. Dans un écrit récent et généralement estimé, sir Edouard Cust a constaté qu'à Demerari, l'une des colonies les plus fertiles, la réduction des récoltes en sucre est en ce moment de 33 pour 100; de celles en café, de 51 pour 100; de celles en coton, de 80 pour 100. «Ce déficit n'est déjà que trop frappant, dit le *Courrier*. Chaque année le rendra plus désastreux, si quelque mesure spéciale ne vient combattre cette tendance anti-productive. La population des colonies reste la même, ou plutôt elle augmente; c'est le travail, ainsi qu'on peut en juger par ses fruits, qui diminue. Il n'y a plus de coercition possible avec des hommes libres : l'indolence, peut-être invincible, du caractère du nègre, démontre plus évidemment chaque jour qu'il n'y a rien à espérer de lui au delà de cette somme de travail nécessaire à la satisfaction des besoins animaux, catégorie très restreinte pour cette race, toujours prête à considérer comme consommation de luxe celle même de la morue et de la viande salée, s'il faut en acheter l'usage par un travail corporel un peu suivi. »

Cette opinion n'est pas seulement celle d'un journal qui, d'ailleurs, a déclaré depuis long-temps qu'il considérait la propagande abolitioniste comme un devoir (1), au point de vue de l'émancipation anglaise dans les colonies britanniques.

Cette opinion, c'est celle du représentant de la métropole dans la plus importante des Antilles anglaises.

« Je déplore », dit sir Charles Metcalfe à ses administrés, en prenant récemment possession du gouvernement de la Jamaïque; « je déplore les » pertes que les propriétaires en général, et en

______

(1) Ce devoir, dès le lendemain de la promulgation du bill d'émancipation, le *Courrier* l'a mis au premier rang de ceux que le fait même de l'émancipation britannique imposait au gouvernement britannique et qu'il devait avoir toujours présent dans ses rapports avec les gouvernements étrangers. (*Note du traducteur.*)

» particulier les propriétaires sucriers, éprouvent
» par l'absence d'un travail suffisant et régulier ; je
» serais heureux si quelque mesure pouvait y re-
» médier, sans porter cependant atteinte à l'entière
» liberté des travailleurs, ainsi que le veulent les
» principes de l'économie politique ; *mais je crains*
» *bien qu'il y ait là une de ces difficultés que la loi est*
» *impuissante à surmonter*, et qui n'ont rien à atten-
» dre que du temps, qui peut seul développer chez
» le travailleur un sentiment plus juste de son
» propre intérêt. »

Ces calculs de temps, chacun les fait à sa manière. Sir Edouard Cust, dans le compte rendu du
voyage récent qu'il avait entrepris dans le but spécial de connaître le véritable état des choses, dit :
« Qu'une génération tout entière doit s'éteindre
» avant que le nègre affranchi arrive à quelque
» chose qui approche de la civilisation du paysan
» européen, et puisse être conduit à une espèce de
» travail suivi qui ait quelque chose de la persi-
» stance (steadiness) indispensable au succès de
» toute agriculture productive. »

En attendant, il propose comme auxiliaire immédiatement nécessaire une nouvelle introduction
de nègres librement engagés sur la côte d'Afrique.
Mais, à part la difficulté d'exécution de cette trans-
plantation volontaire, cet accroissement de population nègre, fût-il possible, ne pourrait qu'aggraver
le mal de la situation présente, et, comme dit le
*Courrier*, ajouter de la paille au feu (adding fuel to

flame). En effet, si les besoins développés par le long contact de la civilisation n'ont pu suffire pour conserver les habitudes du travail, quel secours pourrait-on espérer de ce recrutement de pauvres sauvages apportant avec eux le virus nouveau d'une barbarie native, dont l'instinct se manifeste encore là même où l'on s'est efforcé d'en triompher ?

« D'ailleurs, dit le *Courrier*, « Ce n'est point une génération qui peut suffire à modifier un caractère aussi prononcé que celui de la race nègre. Mettant de côté toute théorie sur les causes physiques et intellectuelles qui l'ont produit, tenons-nous-en aux faits qui établissent le mieux quelles sont les aptitudes sociales de cette race. Depuis plus de quarante ans que les nègres de Saint-Domingue jouissent d'un affranchissement complet et de la liberté d'action dans le sens le plus illimité, ils n'ont pas fait le moindre progrès en civilisation, tandis qu'ils ont incontestablement rétrogradé sous le rapport de l'industrie. Cependant il ne leur manque aucune des excitations que la loi peut prêter à l'éducation, car on a essayé chez eux de presque toutes les théories d'enseignement de l'Europe civilisée ; mais les résultats pratiques ont toujours été nuls.

» La loi est allée jusqu'à l'emploi de mesures coërcitives pour leur faire prendre des habitudes de travail et d'industrie sans plus de succès. Le code rural d'Haïti a des rigueurs égales à nos pénalités les plus sévères et n'en reste pas moins une lettre morte. Le nègre d'Haïti reste, en présence de ce code, un être indisciplinable (an impracticable being ); il occupe le sol, mais il ne le cultive pas. Quand il a pourvu aux besoins du jour, son *insouciance* ( sic ) ne comprend pas ceux du lendemain. On peut juger de son aptitude à se gouverner lui-même (for self-government) par son absence de toute participation et peut-être de tout intérêt à la constitution du pouvoir qui lui commande l'obéissance. Toute l'île est soumise à une poignée de mulâtres (1), et toute tentative qu'ont faite les nègres pour créer une souveraineté noire, c'est-à-dire la souveraineté du nombre ( the soverignty of number), a toujours complétement échoué. L'expérience a donc démontré que cette race n'a d'autre moyen de s'élever au niveau intellectuel de l'espèce humaine que par sa fusion plus ou moins complète avec la race blanche ou avec d'autres races. »

En partant d'une pareille base, le *Courrier* se trouve naturellement amené à partager les désirs de ceux qui cherchent ailleurs que dans l'ancienne population esclave les secours nécessaires à la continuation des cultures coloniales, et c'est ain-

---

(1) Pendant long-temps c'était le gouvernement anglais qui s'était efforcé d'élever un mur de séparation absolue entre les nègres de la Jamaïque et ceux de S.-Domingue ; mais depuis le bill d'émancipation le gouvernement mulâtre, comme s'exprime le *Courrier*, a conçu de telles craintes des excès et des désordres probables ou seulement possibles auxquels le nègre anglais affranchi de toute contrainte peut se porter, que c'est maintenant de ce gouvernement que partent les défenses de communication les plus expresses entre la Jamaïque et Haïti !     (*Note du traducteur.*)

si qu'il arrive à se prononcer en faveur de l'introduction des travailleurs indiens que l'empire orien-
tal britannique pourrait fournir.

« Sans songer à contester, dit le *Courrier*, n° du
16 décembre 1839, ce qu'il y a eu de noblesse et
de désintéressement dans le sacrifice que l'honneur
national britannique a consommé par l'extinction
absolue de l'esclavage dans nos colonies, il n'en
reste pas moins évident que, tandis que le pays se
lavait de toute responsabilité personnelle à cet é-
gard, les horreurs de la traite et les rigueurs de
l'esclavage s'aggravaient ailleurs par l'effet même
des mesures qui nous avaient été long-temps et
hardiment recommandées et prêchées comme déci-
sives pour l'extinction de l'une et de l'autre.

» Les faits et les chiffres le démontrent d'une manière incontestable, et en les rassemblant avec talent
M. Buxton est réduit à un aveu consciencieux de ses
mécomptes dans ses anciennes prévisions : ce qui
ne veut pas dire sans doute que nous ayons eu tort
de mettre chez nous un terme à de moindres souffrances, par cela seul que de plus grandes restaient
en dehors de notre action, ou même se seraient dé-
mesurément aggravées par suite de nos erreurs
de calcul. L'émancipation britannique n'a rien
perdu de son lustre pour avoir contribué ailleurs à
forger de nouveaux fers et à river plus solidement
ceux des autres esclaves.

» Il est vrai que cette mesure a opéré comme une
prime pour le maintien de l'esclavage à Cuba et

dans les états de l'Amérique du sud et du sud-ouest, sur le territoire de l'Union, au Texas et au Brésil. Il est vrai que, depuis lors, les marchés d'esclaves sont devenus chaque jour plus actifs en raison même de l'augmentation des prix, favorisée par une odieuse concurrence. Mais le travail forcé étant réellement sous les tropiques beaucoup plus profitable que le travail libre, l'amour du gain devait fournir au commerce des esclaves un stimulant proportionnel à la différence des résultats, et la soif de l'or, chaque jour plus vive, a réuni dans ce trafic des hommes de toutes nations, qui se sont déclarés en révolte ouverte avec les lois, et qui bravent la mort réservée au pirate, quelle qu'en soit l'infamie.

» Aussi le nombre des esclaves extraits d'Afrique et arrivés à Cuba et au Brésil, loin de décroître, s'est-il accru d'une manière extraordinaire. Mais ce qui n'est pas le trait le moins horrible de ce tableau, c'est qu'en cas de danger de capture ou de reconnaissance à la mer par l'un de nos croiseurs, ces cargaisons vivantes sont livrées aux abîmes de l'Océan avec plus de sang-froid et d'indifférence que n'en met un autre navire à se décharger de quelques ballots dont il a besoin de s'alléger pour faire route.

» Parmi les pavillons qui couvrent de pareilles atrocités, nul ne s'est plus souvent laissé apercevoir que celui de l'Union américaine, à la pleine connaissance, ou, du moins, avec la tolérance tacite du gouvernement fédéral. D'autres exemples, quoique moins fréquents, de cet odieux trafic, se produisent encore sous les couleurs portugaises et russes.

» Ces faits accablants conduisent à cette question naturelle : Comment donc chasser ce maudit fléau de l'esclavage ? Comment arrêter le cours de ses ravages ? Si l'or avait pu suffire à la guérison de cette plaie, cette cure serait faite depuis long-temps. Pour y arriver, l'or britannique a coulé à flots plus puissants que ceux du Pactole, et qui auraient dû suffire pour laver le sol africain de bien autres souillures que celles qu'ont pu lui imprimer les marchands d'hommes. Les millions dont nous nous sommes montrés si avides lorsque nous nous emparions du monopole de la fourniture des esclaves dans les colonies espagnoles ( traité d'Assiento ), nous les avons depuis rendus avec usure dans nos largesses prodigues à l'égard de toutes les nations qui ont offert ou accepté de s'engager avec nous à l'abandon de ce trafic. Ces paiements incessants ont fini par épuiser notre échiquier; nous n'avons plus rien à donner aux nations qui seraient encore disposées à recevoir. La contrainte a également trouvé place dans l'emploi de nos moyens. Nous y avons eu recours toutes les fois que la faiblesse de l'état présumé du coupable ne nous donnait lieu de craindre ni ses représailles ni sa résistance. Nous avons même été si loin dans cette voie, que nous avons dépassé la ligne qui sépare l'hostilité de la guerre ouverte. Le premier pas que nous ferons, si nous en faisons un

de plus, nous jettera dans l'abîme d'une lutte san-
glante. Mais l'humanité protesterait contre une pareille profanation de son nom. Elle désavouerait la
lutte où la liberté d'une race ne peut être achetée
qu'au prix du sang d'une autre race. Il faut espérer
enfin que nous touchons à la limite que la nation ne
voudra pas franchir (1).

» Sommes-nous donc dénués de tout autre moyen
de combattre cette hydre de l'esclavage ? N'y a-t-il
que le fer pour couper ces têtes sans cesse renais-
santes ? Pour nous, nous espérons encore en
d'autres armes. Ce qu'il faut bien reconnaître,
c'est que l'esclavage et la traite se perpétueront
dans le Nouveau-Monde aussi long-temps que
les produits du travail libre seront plus chers que
ceux du travail forcé. Le niveau des deux conditions
industrielles aura seul la puissance de rendre l'a-
vantage au travail libre. Ce n'est point à la race
des nègres affranchis qu'il appartient d'opérer cette
révolution désirable. L'exiguïté de ses besoins et
son apathie naturelle n'en permettent pas l'espérance. Haïti n'exporte pas aujourd'hui le sixième
de ce qu'elle exportait il y a cinquante ans, comme

(1) Elle a été franchie ; mais certes le *Courrier*, lorsqu'il écri-
vait ces lignes, le 16 décembre 1859, ne s'attendait pas à une vé-
rification si prompte de sa prophétie. Et cependant c'était presque à la même époque qu'un navire de guerre anglais coulait
deux navires portugais suspects, et forçait un navire de l'état
de la même nation d'assister à cette exécution contre son propre
pavillon.                          (*Note du traducteur.*)

colonie française. Les états officiels de 1834 et 1835, les derniers que nous ayons, constatent une sortie de denrées évaluée à 24 millions de francs. Sous la domination française, ces exportations s'élevaient annuellement à une valeur de plus de 150 millions. Le sucre entrait pour les 3|5 dans la valeur de ces exportations; aujourd'hui, Haïti n'en exporte pas une livre, et même n'en fait pas pour sa consommation, nonobstant la protection du droit prohibitif d'une demi-gourde (1) [1 schelling 4 deniers 3|4, 1 fr. 74 c.] par livre sur toute importation de sucre étranger : une mélasse grossière suffit à leurs besoins. Les cultures d'indigo ont eu le même sort. De riches savanes, autrefois cultivées, sont aujourd'hui couvertes de troupeaux dont les propriétaires ne savent pas le nombre et ne tirent aucun profit. Les végétaux qui servent à la nourriture du nègre abondent partout et sont d'une culture facile : trois heures (2) de travail suffisent pour assurer sa nourriture de toute l'année. S'il en avait la volonté, quel parti ne pourrait-il pas tirer de tout ce temps disponible pour se créer des moyens d'échange qui augmenteraient son bien-être et amélioreraient sa condition; mais ces avantages, loin de stimuler son industrie ou son ambition, n'encouragent que sa

_______________

(1) Haïtienne.

(2) L'anglais ne dit pas si c'est par jour ou par semaine. Mais si le nègre ne veut pourvoir qu'à ses besoins matériels, trois heures de travail par semaine peuvent y suffire. (*Note du traducteur.*)

paresse, son vagabondage et la dépravation générale des mœurs.

»Tel est l'avenir qui menace nos propres colonies, quand bien même la population noire y serait surabondante, ce qui est loin d'être le cas. Elle est aujourd'hui évidemment insuffisante, eu égard à l'étendue du territoire qu'elle devrait féconder ; il est donc indispensable de pourvoir desuite au déficit existant et aux besoins toujours croissants de l'avenir par des émigrations continues et sur une large échelle, ainsi que le demandent nos frères de Demèrari. Quelque bien qu'ait déjà produit ou que puisse produire l'introduction de quelques colis de l'Inde, de quelques paysans maltais et d'honnêtes Allemands, ce ne sont pas les efforts individuels qui pourront faire face aux besoins existants. Pour que le remède urgent que ces besoins appellent soit efficace, il faut qu'il fasse partie d'un large système et qu'il soit appliqué sur une échelle nationale. Les populations surabondantes de l'Orient peuvent à elles seules fournir les dizaines de milliers de travailleurs que l'état présent et l'avenir de nos colonies réclament. Ce sera leur faire échanger un séjour de mécontentement et souvent de misère contre un séjour d'abondance et de bonheur. Alors l'industrie florira de nouveau dans nos colonies, et le sol paiera les soins et ravivera le capital de nos planteurs. Ce n'est pas seulement d'ailleurs sous le rapport industriel que cette mesure se recommande. Il s'agit d'une œuvre de saine politique non moins que d'un calcul d'intérêt matériel. Le nègre est un composé de passions inflammables ; une population formée de pareils éléments menace la société de dangers sans cesse renaissants. La disproportion numérique qui existe dans nos colonies entre les nègres et les blancs est telle, que ceux-ci peuvent réellement dire qu'à chaque instant de leur existence ils sont en péril de mort. L'introduction d'une nouvelle espèce d'hommes, étrangers aux passions et aux sympathies de la race africaine, deviendrait donc le gage d'un heureux équilibre. La paix publique acquerrait de nouvelles garanties, et le salut des blancs, qui, après tout, sont notre chair et nos os, cesserait d'être constamment mis en question. »

Il est difficile d'affirmer jusqu'à quel point l'exécution d'un pareil système est facile, mais il méritait sans doute d'être largement essayé. L'esprit et la parole excentriques de lord Brougham, ce composé bizarre de radicalisme et de torysme, en ont autrement ordonné, et le cabinet anglais n'a pas osé avouer et défendre ce qu'il avait déjà autorisé à cet égard. Mais le besoin industriel et social subsiste. S'il en fallait une preuve de plus, on la trouverait dans une adresse récente de la colonie d'Antigue, cette colonie que les abolitionistes citaient avec orgueil et complaisance comme exemple de l'infaillibilité de leurs doctrines. Certes cette île s'était prêtée de bonne grâce à l'application des nouveaux principes, car elle avait été jusqu'au sacrifice volontaire de l'apprentissage, qui faisait cependant partie du mode de paiement de l'indemnité.

Il n'y a point à Antigue de terres vagues ; tout le sol y est cultivé. Les colons s'étaient flattés que cette circonstance leur répondait suffisamment du travail des affranchis, et c'est ce qui les avait déterminés à leur concéder la liberté immédiate, en leur faisant remise des obligations de l'apprentissage. Il faut avouer que cet espoir était raisonnable ; mais il n'a pu tenir long-temps contre les effets de l'indolence native du nègre, qui, dans l'absence de toute contrainte, a bientôt repris le dessus. Les colons d'Antigue avaient eu l'habileté de concilier les exigences de la liberté nouvelle avec la stabilité des engagements réciproques entre le propriétaire et le travailleur. La manie du gouvernement métropolitain de tout réglementer, sans égard à la nature des choses, n'a pas permis que ce qui d'abord avait trouvé grâce et faveur auprès du département colonial fût long-temps respecté. Aussi là même où l'oisiveté et le vagabondage semblaient devoir être combattus avec le plus de succès, là où l'apparence d'une acceptation volontaire du lien social et religieux devait faire considérer l'homme de race africaine comme le mieux préparé au don de la liberté, tout l'échafaudage des espérances conçues s'est écroulé pour faire place à la situation dont l'adresse qui suit offre l'expression.

Nous la livrons sous la forme la plus concise possible, mais sans commentaire, à l'étude des abolitionistes de bonne foi, que cependant l'absolutisme des idées subjugue.

*Adresse du Conseil et de la Chambre d'assemblée* (1)
*à S. E. sir W. M. G. Collebrooke K. C. H.*

Antigue, 16 mai 1839 (2).

MONSIEUR,

» En remerciant très respectueusement Votre
Excellence de sa communication du 25 avril dernier, qu'accompagnaient des extraits de dépêche du
secrétaire d'état des colonies qui vous chargeait
de faire amender les lois que les deux Chambres
avaient votées relativement au vagabondage, aux
contrats de travail et à la déportation, le Conseil et
la Chambre d'assemblée, à qui le contenu de ces
dépêches a donné de sérieuses alarmes, se trouvent
forcés de mettre de côté la réserve qui, jusqu'à
présent, avait caractérisé les réponses aux messages
de V. E., et de tenter un respectueux effort pour
exposer, ou plutôt, comme ils l'espèrent, pour démontrer l'influence funeste qu'exerce depuis long-
temps sur les destinées de cette colonie, jadis si ri-
che d'espérances, cette propension du gouvernement central aux idées spéculatives d'une intervention mal avisée (illavised and speculative in-

(1) Ce sont les deux chambres de toute colonie anglaise à
législature.

(2) Extrait des «Papers relative to the West-Indies, part 3,
Leeward Islands, ordered by the House of commons to be prin-
ted 14 march and 18 aug. 1839.»

terference ) dans les lois déjà en vigueur : nos deux
Chambres croient qu'un plus long silence sur des
sujets si graves et si pénibles les rendrait aussi coupables envers la couronne qu'envers les intérêts
locaux qu'ils ont mission spéciale de défendre.

» Le but que se sont toujours proposé les deux
Chambres les autorise à repousser les suppositions
de lord Glenelg, avec d'autant plus de raison qu'il
leur est facile de rejeter loin d'elles toute imputation
de résistance ou de coupables préjugés en faisant
appel au caractère fondamental des mesures cen-
surées et aux circonstances qui en ont fait naître
l'idée et qui en ont déterminé l'adoption.

» Quant au caractère de ces actes, ou, en d'autres
termes, au mérite de leurs dispositions, le Conseil
et la Chambre diront avec la confiance d'être vrais
qu'après la divine Providence c'est à l'heureuse influence des mesures incriminées qu'est dû le succès relatif (comparative success) d'Antigue dans la
grande épreuve du travail libre ; et si, dans le cours
de cette adresse, notre devoir nous force de déclarer que notre perspective agricole est décidément
moins satisfaisante aujourd'hui que dans les pre-
mières années de la liberté, il nous sera facile de
démontrer que nos lois ne sont pas responsables de
ce recul partiel, mais qu'il faut s'en prendre à
la pernicieuse influence de ces hommes hostiles,
non responsables, que le ministre actuel doit connaître, et qui, sans principes comme sans lumières,
n'en ont pas moins réussi à s'impatroniser dans

le département colonial pour en égarer le titu-
laire et arriver plus facilement à leur but, qui
n'est autre que l'entière destruction des colonies.
C'est l'influence de ces hommes (Votre Excellence
excusera la franchise du langage que de si justes et
de si grands griefs nous forcent de tenir) qui nous
a ravi les dernières garanties que l'acte primitif
passé pour la police, et d'abord approuvé deux fois
par la Couronne, offrait au respect de la propriété.
C'est cette association (agency) qui a pris à tâche
d'agiter les esprits de ceux que nous avions réussi
à fixer au travail, de les habituer au mépris de la
loi en faisant condamner et abroger les pénalités
qu'elle prononce, de leur ouvrir ainsi mille moyens
de mal faire, de leur suggérer la pensée de tout
mettre en œuvre pour s'affranchir des obligations
qu'on n'avait pu faire entièrement disparaître, *mais
qu'on s'efforçait de leur faire envisager comme in-
justes, oppressives et maintenues seulement par l'é-
goïsme des autorités locales, en opposition avec le
vœu des conseillers de S. M.*

» Ces observations, M. le gouverneur, n'ont pas
pour objet de représenter comme parfaits les actes
de notre législation, mais tels qu'ils sont, nous devons les défendre. Leurs imperfections très secon-
daires n'empêchent pas qu'ils n'aient été sagement
et consciencieusement conçus dans le double but de
protéger le propriétaire du sol contre le caprice et
l'abandon soudain de ses travailleurs, et d'assurer
à ces derniers, en sus d'un salaire raisonnable, les

jouissances du foyer domestique et les soins que
les maladies peuvent leur rendre nécessaires. Nous
persistons donc à penser que nos lois avaient aussi
parfaitement atteint leur but *qu'il est permis de l'es-*
*pérer dans l'état actuel de nos colonies.* Nous irons
plus loin, et nous ne craindrons pas d'affirmer que,
si ces lois qu'on veut briser ici avaient été mises en
vigueur dans les autres colonies à l'expiration de
l'apprentissage, ainsi que le bon sens l'indiquait,
la couronne ne se trouverait pas aujourd'hui aussi
sérieusement menacée qu'elle l'est de la perte de
ses revenus, et tous les colons de l'entière destruction de leur fortune.

» Avec le plus vif désir de ne jamais nous écarter du
respect dû aux conseillers de la couronne, nous sommes cependant contraints de faire observer que, dans
le cas présent d'une race jetée tout à coup de l'esclavage dans la liberté, rien de plus extravagant (sic)
ne pouvait s'imaginer que la concession de droits
si nouveaux pour elle sans le contre-poids de quelques restrictions, et rien de plus impolitique que
la défense de soumettre les nouveaux libres à l'obligation de remplir, lorsqu'ils voudraient s'éloigner
de la colonie, quelques unes des formalites en
harmonie avec les principes de la législation qui
régit la vieille civilisation britannique ; à moins
toutefois qu'on ne veuille reconnaître, ce qu'il serait
d'ailleurs facile de conclure de plusieurs dépêches
officielles, *que les lois qui régissent les hommes qui*
*habitent le sein de la mère patrie sont beaucoup*

*trop sévères pour une population de nègres.* — S'il était besoin de prouver à V. S. avec quel soin les lois qu'on condamne aujourd'hui ont été faites, nous nous bornerions à invoquer le témoignage de vos propres archives, dans lesquelles vous trouverez la dépêche de lord Aberdeen, du 28 février 1835, qui s'exprimait ainsi au sujet de l'acte relatif aux contrats de travail : « Cet acte m'a paru digne » d'une attention spéciale, en raison surtout du » parti qu'on pourra probablement en tirer et comme » précédant utile et comme règle à suivre lors de » l'expiration de l'apprentissage. En avançant ce » terme pour elle-même, l'île d'Antigue, entre au- » tres mérites qu'elle s'est acquis, aura eu celui » d'avoir su créer pour une population passant sou- » dainement de l'esclavage à une entière liberté une » législation qui servira probablement de Code ru- » ral au reste de nos colonies soumises au bill d'é- » mancipation. Cette législation me paraît donc di- » gne d'un plus grand intérêt que si elle n'était ap- » plicable qu'aux seuls affranchis d'Antigue. »

» Sa Seigneurie ne prévoyait pas qu'un acte ainsi commenté par lui, et sanctionné par la couronne après quelques légères modifications, non seulement cesserait d'être jugé digne d'une application générale, mais nous serait enlevé à nous-mêmes, et qu'on nous demanderait à révoquer une loi qui avait exercé sur notre population une influence si évidemment salutaire.

» Maintenant il reste aux deux chambres à mettre

sous les yeux de Votre Excellence les faits qui indiquent évidemment le déclin de la prospérité de l'île, et nous devons dire que l'influence miraculeuse de la température des deux dernières années sur nos récoltes a seule empêché que cette décroissance ne fût plus considérable. Il n'est plus possible de nier que depuis assez long-temps les habitudes du travail de nos ouvriers deviennent chaque jour de plus en plus irrégulières. Le salaire le plus libéral, les traitements les plus remplis de bienveillance, ne suffisent plus pour retenir les noirs sur des habitations que, jusqu'à présent, ils n'avaient point abandonnées. On éprouve de la difficulté à obtenir d'eux ce travail réglé, déterminé et continu, qui est indispensable à l'exploitation d'une sucrerie. Comme conséquence de cet état de choses, la culture des vivres a cessé dans presque toute la colonie, qui est mise complètement sous la dépendance des importations de l'étranger. De plus, la répugnance croissante que témoigne la génération qui s'élève pour tout travail d'agriculture ne laisse qu'un très faible espoir dans l'avenir pour la production des denrées que nous récoltons.

» Les deux chambres ont déjà exprimé leur opinion sur les causes de ce changement défavorable, et elles supplient Votre Excellence d'ordonner des enquêtes, afin de mieux comprendre combien cette situation réclame la plus sérieuse attention du gouvernement. Nous savons bien qu'un observateur superficiel peut être tenté de croire qu'aucun préjudice sérieux ne peut être la conséquence de cet empressement du travailleur à se soustraire à un engagement, et que l'on soutiendra que le noir, une fois devenu indépendant, travaillera pour un salaire raisonnable. Mais, comme la question importante est de savoir s'il est à désirer que la combinaison du logement sur l'habitation et du travail soit maintenue, malgré l'avis opposé de lord Glenelg, les deux chambres demandent avec instance que, sans s'occuper de l'intérêt du grand propriétaire, mais dans l'intérêt particulier du bien-être des noirs, Votre Excellence veuille bien comparer la condition du laboureur, résidant sur une habitation, avec celle de l'habitant d'une hutte de village. Nous osons prédire à Votre Excellence que, d'un côté, elle trouvera tous les éléments de progrès social, tous ceux d'une confiance mutuelle entre maître et serviteur, fondée sur la réciprocité des bons offices : car non seulement elle verra que dans le système que nous défendons un ample salaire est payé, que la permission de planter des vivres et d'élever des animaux est accordée, mais qu'un logement est fourni par le propriétaire, qui reste chargé de toutes les réparations, et que, s'il survient quelque maladie qui menace le noir du moindre danger, les soins les plus attentifs sont donnés aux frais du propriétaire; tandis que, de l'autre côté, tant par l'observation des faits que par les réflexions que l'on aura droit de faire, on sera amené à voir que le pillage des terres voisines est, pour la

plus grande partie de ces noirs prétendus indépen-
dants, la ressource pour obtenir leur subsistance ;
et que la conséquence inévitable d'un pareil genre
de vie est une prompte et rapide démoralisation.

» Lorsque les noirs travaillent à loyer, le travail
se fait avec indolence et irrégularité ; aussi refusent-
ils de travailler à la tâche, et préfèrent-ils le travail à la journée. Au reste, le plus grand nombre
cherche encore l'abri de ces habitations qu'ils sem-
blent avoir abandonnées ; mais lorsqu'ils se tien-
nent chez eux, à peine voit-on quelques rares cultures autour de leurs demeures peu confortables.
Sont-ils en santé, ils négligent leurs devoirs domes-
tiques et leurs relations morales. Trop souvent on
a la preuve que, dans les maladies, ils meurent
sans les soins du médecin ou de tout autre ; et il arrive souvent que l'autorité n'a aucune connaissance
de leur mort. »

Le reste de l'adresse est relatif à l'acte d'émigra-
tion, dont les habitants d'Antigue observaient avec
raison que les dispositions n'étaient pas moins dans
l'intérêt moral et même matériel des noirs que dans
celui de la continuation des cultures dans une colonie où il avait déjà tant été fait en faveur des anciens esclaves.

Les deux chambres finissent par en appeler à
une nouvelle étude de l'état des choses de la part du
gouverneur ; elles déclarent ne reculer devant aucune enquête, parce qu'elles espèrent qu'après un
mur examen le gouvernement reconnaîtra la jus-

tesse de leurs observations, et leur prêtera le concours énergique de son autorité pour leur faire re-
gagner, s'il est possible, le terrain que l'agitation
causée par l'intervention si inutile et si déplorable
du gouvernement métropolitain a menacé d'enlever pour toujours à la cause de l'ordre et du travail.